本书系山东建筑大学博士基金项目（X21042Z）

我国科技人才集聚对
区域创新产出的影响研究

单士甫　潘静茹◎著

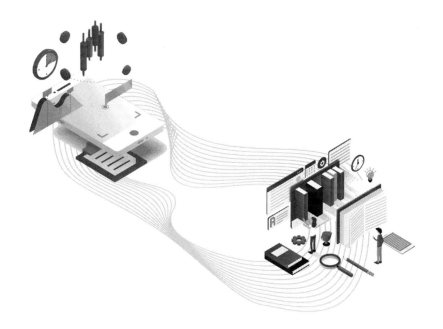

WOGUO KEJI RENCAI JIJU DUI
QUYU CHUANGXIN CHANCHU DE
YINGXIANG YANJIU

经济管理出版社
ECONOMY & MANAGEMENT PUBLISHING HOUSE

图书在版编目（CIP）数据

我国科技人才集聚对区域创新产出的影响研究/单士甫，潘静茹著．—北京：经济管理出版社，2022.6

ISBN 978-7-5096-8553-2

Ⅰ.①我… Ⅱ.①单… ②潘… Ⅲ.①技术人才—影响—区域经济—国家创新系统—研究—中国 Ⅳ.①F124.3

中国版本图书馆 CIP 数据核字（2022）第 110809 号

组稿编辑：任爱清
责任编辑：任爱清
责任印制：黄章平
责任校对：张晓燕

出版发行：经济管理出版社
　　　　　（北京市海淀区北蜂窝 8 号中雅大厦 A 座 11 层　100038）
网　　址：www.E-mp.com.cn
电　　话：（010）51915602
印　　刷：唐山玺诚印务有限公司
经　　销：新华书店
开　　本：720mm×1000mm/16
印　　张：12.5
字　　数：190 千字
版　　次：2022 年 8 月第 1 版　2022 年 8 月第 1 次印刷
书　　号：ISBN 978-7-5096-8553-2
定　　价：88.00 元

前　言

我国经济进入新常态以来，在减速换挡的同时实现科技创新驱动经济发展是目前面临的重要课题。人才作为科技创新的第一资源，充分发挥其作用和功能是顺利完成新旧动能转换以实现经济长期稳定增长的关键。党的十九大报告中指出，我国科技人才仍然存在流动障碍和空间分布不合理等诸多问题，因此明确我国科技人才集聚现状，分析科技人才集聚对区域创新产出的影响，具有重要的理论意义和实践价值。

首先，本书对我国目前科技人才集聚现状和格局特征以及区域创新产出等进行了描述性分析，了解并总结了科技人才集聚和区域创新产出的现状。其次，在此基础上借鉴基于协同特征的区域创新理论，分析了科技人才集聚与区域创新产出之间的关联，并通过将科技人才集聚因素纳入区域创新理论模型之中，完善了纳入科技人才集聚后的区域创新产出影响机理。再次，推导出包含科技人才集聚的区域创新产出的数理模型，并得出科技人才集聚对区域创新产出的影响大小和方向等。最后，在理论模型的基础之上，利用空间关联性分析、空间过滤的面板回归模型、具有空间效应的系统差分模型（GMM 模型），以及能够测算非线性转换速率的 PSTR 模型，对前文的理论推导进行实证检验，通过实证结果得出以下四个结论：

第一，科技人才集聚对区域创新产出具有显著影响，并且该影响具有先增大再减小的倒"U"形特征。通过机制分析和数理推导得出，尽管科技人才在低集聚阶段会对区域创新产生较大的影响，但随后影响作用逐渐减小，在集聚的临界点，科技人才集聚对区域创新产出的边际影响逐渐减小到零。越过临界点后，科技人才对区域创新产出的边际效应开始由正转变为负，并且随着集聚的不断增加，科技人才集聚对区域创新产出的边际影响的负向作用逐渐增加。

第二，科技人才集聚对区域创新产出的影响主要通过知识溢出效应、时间效应、信息共享效应和规模效应等中介效应发生作用。由实证发现，在低集聚阶段科技人才集聚对区域创新产出的效应主要有知识溢出效应、时间效应和信息共享效应，在高集聚阶段科技人才集聚对区域创新产出的影响主要是通过知识溢出效应和规模效应，而时间效应和信息共享效应不再是对区域创新产出的中介效应。

第三，科技人才集聚对区域创新产出影响的程度是多种因素共同作用的结果，除集聚本身的影响之外，创新资本投入、经济发展、政府政策、外商投资、产业结构和金融发展等科技创新环境同样会影响两者的关系，在经济发展、外商投资和金融发展水平较低的情况下，科技人才集聚对区域创新产出并不会产生显著影响，只有当经济发展、外商投资和金融环境越过一定的门槛值之后科技人才集聚才会发挥作用。创新资本投入、政府政策无论是在低阶段还是在高阶段都会影响科技人才集聚对区域创新产出的正向作用，在第一产业占据较大份额时科技人才集聚对区域创新产出会产生负向影响，当第二、第三产业的比重达到 0.38 时，科技人才集聚才开始对区域创新产出产生正向显著影响。

第四，科技人才集聚对区域创新产出的影响存在地区和部门之间的异质性。将我国分成东、中、西三大区域分别进行回归后发现，我国中部地区的科技人才集聚对区域创新产出的作用最大，东部影响次之，西部科技人才集聚对区域创新产出的影响最小。在目前部门的科技人才集聚对区域创新产出影响的异质性方面，研究与开发机构的科技人才集聚对区域创新产出的影响最大，工业企业科技人才集聚对区域创新产出的影响次之，高等学校科技人才集聚对区域创新产出的影响最小。

以上研究成果的取得突破了以往学术界仅仅关注劳动力流动与经济关系的局限，将研究扩展到人才集聚与区域创新产出的定量研究，建立了一个中国科技人才集聚对区域创新产出影响的理论分析模型并进行实证检验，对研究人才资源在国家或区域间的集聚与分散趋势及其对创新产出的影响具有一定的实际意义。

目　录

表索引

图索引

第一章　绪论

第一节　研究背景与研究意义

一、研究背景

改革开放以来，中国经济经历了 40 多年的快速增长，成就举世瞩目。国内生产总值（GDP）由 1978 年的 3678.7 亿元增长到 2019 年的 99.1 万亿元，GDP 世界排名由 1978 年的第 15 位跃升为第 2 位；居民人均可支配收入由 1978 年的 171 元增长至 2019 年的 30733 元，扣除价格因素后实际增长25.4 倍[①]。然而在经济增长的背后却是以基础设施建设为代表的以固定资产投资为主的发展方式，各地区之间也存在通过减免税收和土地使用金等政策进行招商引资，通过短平快的手段发展地方经济，造成不重视长期发展、缺乏创新能力的局面。随着我国经济进入新常态，经济增速由高速向中高速转变，中国经济正面临劳动力红利消失、资本回报率下降、地方债不断攀升等经济问题。在这种情况下，原有的经济发展方式已不可持续，由粗放型经济发展向集约型经济发展最终向知识型经济发展转变是我国未来经济可持续增长的必由之路。而知识型经济发展的关键在于不断提高地区的自主创新能力。此外，宏观经济学的框架也在理论上说明长期持续的经济增长在于技术的不

[①]　资料来源：《中国统计年鉴—1979》《中国统计年鉴—2020》。

断进步，未来的竞争是知识和创新能力的竞争。所以未来的政策制定应该摒弃以短期利益为主的原则，政策重心应向提高区域自主创新能力的方向偏移。

目前自主创新已越来越受到国家的重视，2012 年底召开的党的十八大明确提出："科技创新是提高社会生产力和综合国力的战略支撑，必须摆在国家发展全局的核心位置。"强调要坚持走中国特色自主创新道路、实施创新驱动发展战略。"创新、协调、绿色、开放、共享"五大发展理念又首次在党的十八届五中全会上被提出，并把创新放在五大发展理念之首。2017 年 10 月，党的十九大报告指出，"创新是驱动发展的第一动力"。根据《中国科技统计年鉴》和世界银行统计数据，近几年我国在科研方面投入不断加大，专利发明的数量也逐年增加。2018 年，我国研发支出为 19657 亿元，占 GDP 的 2.2%，是 1991 年的 138 倍，我国已成为仅次于美国的第二大研发经费投入的国家。在 2017 年全球批准的专利中，中国占比 30%，分别高于美国、日本、韩国和欧洲的 23%、14%、9% 和 8%。但与欧美相比，我国仍存在数量、质量和结构性上的不足。主要体现在以下四个方面：一是我国研发总投入低于美国，2018 年我国研发总投入折合为 2974 亿美元，美国研发总投入为 5530 亿美元，为我国研发投入的 1.86 倍；二是我国研发人员相对数量仍然低于美国，2018 年我国每百万人口的研发人员约为 3000 人，为美国的 1/4；三是我国研发人员结构需要优化，2017 年我国试验发展的科研人员为 325 万人，占科研总人数的 80.67%，基础研究和应用研究科研人员占科研总人数的比重分别为 7.19% 和 12.14%，比重均低于美国；四是高等院校为主的研发比重需要提高，我国高等院校研发占比为 7%，约为美国、德国的 1/2，法国和英国的 1/3。

因此，如何优化创新投入要素进一步提高我国区域创新能力将是未来一段时间的重点课题。科技人才作为区域创新的重要因素也一直是研究的焦点（牛冲槐，2015；周文泳，2015）。科技人才资源的集聚与地区创新产出形成循环累积作用，对流入地和流出地产生放大或减小的集聚效应。目前我国科技人才集聚特征主要有两个方面：一是人才持续由中、西部向东部流动。主要原因为：相对于中、西部而言，东部地区有良好的经济环境和灵活的用人制度，势必导致经济越发达、实力越雄厚的地区和部门，人才越集中；而条件艰苦、人才奇缺的地方，却很难引进人才，同时也很难留住人才。为此，在党的十八届三中全会通过的《中共中央关于全面深化改革若干重大问题的决定》中明确提出要建立集聚人才体制机制，择天下英才而用之。打破体制壁垒，扫除身份障碍，让人人都有成长成才、脱颖而出的通道。二是人才在各城市间呈现重新配置的趋势。自2017年起，一场二线城市之间的"抢人大战"爆发。二线城市以天津、重庆、南京、西安、济南、杭州、广州、武汉、长沙、郑州、成都和深圳等为代表，为争夺人才纷纷提供了各种优惠政策，包括落户、买房、创业等有利于人才发展的政策。城市争夺人才是人才流动的第一步，最终会在地区间和城市间形成新的人才集聚格局。

基于以上背景，持续的人才流动以及重塑的人才集聚格局对于区域创新产出有何影响，两者是否存在因果联系，是否有合适的科技人才集聚，在学术界仍然有待商榷。对于这一问题的研究可能会涉及不同地区、不同部门和不同集聚程度。目前科技人才集聚对区域创新产出的作用处于何种地位，两者在理论和现实中是否存在内在联系，科技人才集聚对区域创新产出是正向影响还是负向影响？影响是否显著？如果存在显著影响，影响效果和机制如何，是否受到其他因素的制约，影响效果会因地域不同有何差异，本书将针对以上问题进行逐一解答，以期能够在国家和地区两个层面更好地实施相关人才集聚措施以实现区域创新产出的跨越式发展。

二、研究意义

（一）理论意义

（1）目前科技人才集聚的研究与区域创新理论分属不同领域，鲜有学者将两者纳入同一分析框架进行理论推演，因此本书利用科技人才集聚的知识溢出效应、时间效应、信息共享效应和规模效应等建立科技人才集聚与区域创新产出之间的关联，最后借鉴格里利谢斯—贾菲（Griliches-Jaffe）提出的知识生产函数为理论模型，将人才集聚纳入创新生产模型，研究科技人才集聚对区域创新产出的影响。这将拓展劳动经济学、新经济地理学和创新经济理论的最新研究成果，系统研究科技人才集聚对区域创新的作用机理，深化区域创新理论模型。

（2）本书在实证分析时以"门槛特征"为视角，研究我国科技人才集聚对区域创新产出的影响及其异质性，将科技人才集聚对区域创新产出的研究内容和研究方法进行了拓展与丰富。具体而言，在利用门槛回归的基础上，通过对科技人才集聚程度的划分，利用 GMM 模型进一步分析消除内生性影响后科技人才集聚对区域创新产出的关系，通过这一分析，对这一问题的研究方法进行了丰富和完善，可为后续更深入研究提供一定的借鉴作用。

（二）实践意义

（1）通过对科技人才集聚和区域创新的探究，进一步完善了关于人才集聚的研究，并对政府部门进行人才规划和建设提供重要的决策参考。

（2）本书对不同区域人才集聚的区域创新影响进行分析，有利于为转型期中国区域经济发展提供有效借鉴。

（3）通过对科技人才集聚差异对区域创新产出的影响，有利于为人才在地区流动，重塑新集聚格局提供政策制定指导。

第二节　研究内容及逻辑框架

围绕上述提到的问题，本书通过七个章节展开：

第一章为绪论。首先介绍研究背景和研究意义，其次对人才、科技人才、人才集聚等核心概念进行界定，再次对主要研究内容、逻辑框架、研究方法和数据来源等进行介绍，最后对可能的创新点进行提炼。

第二章为文献综述。该部分主要对人才集聚相关理论（人力资本理论、新经济地理学）和区域创新相关理论（区域创新理论、协同理论）以及国内外文献进行梳理，总结归纳国内外学者该研究的最新进展以及不足之处，为本书奠定文献基础的同时，明确本书的贡献。

第三章为我国人才集聚的发展历程和影响因素分析。这是本书分析我国科技人才集聚对区域创新产出影响的前提条件。该章首先回顾了中华人民共和国成立以来我国人才集聚的四个阶段，其次利用演化博弈理论从企业间博弈和人才间博弈分析了人才集聚的机理，最后利用分层模型，从物质收益、精神收益、物质成本和精神成本四个方面对人才迁居的意愿进行了分析。

第四章为我国科技人才集聚与区域创新产出的现状分析。这是分析我国科技人才对区域创新产出影响的研究起点。首先，分别从时间和空间视角就科技人才集聚和区域创新产出的数量和空间分布进行分析，以便对两者现状有明确的了解；其次，利用相关系数和散点图对两者的相关性进行分析，相关性分析可以显示两者的变化趋势，为进一步的理论分析和实证分析做好数据铺垫。

第五章为科技人才集聚对区域创新产出的作用机理分析。目前在对区域创新理论的研究中主要有企业创新、国家创新和区域创新等研究理论，并没有成熟的理论将科技人才集聚因素纳入分析框架之中，这是本书的重点也是难点所在，但目前科技人才集聚的效应研究已有学者进行了深入分析，此外考虑到科技人才是重要的知识载体，知识溢出是科技人才集聚的主要效应，有必要针对科技人才集聚的知识溢出效应以及知识溢出效应对区域创新的影响在理论上进行深入分析。此外，除了知识溢出效应之外，科技人才集聚还会在时间效应、信息共享效应和规模效应等方面对区域创新产出有所影响。最后将所有因素共同纳入科技人才集聚对区域创新的影响当中进行理论分析。

第六章为科技人才集聚对区域创新产出影响的实证研究。本章利用计量模型分析我国科技人才集聚对区域创新产出的影响，重点在于验证第四章的理论结论，即科技人才集聚是否对区域创新产生非线性的影响，并且通过回归模型分析科技人才集聚是否通过知识溢出效应、时间效应、信息共享效应、规模效应等中介效应对区域创新产出产生影响以及影响的程度问题。由于区域创新和科技人才集聚涉及各省（市、区）的数据，因此在实证时会产生内生性和空间相关性等问题。首先，本章研究思路为通过空间相关性分析决定是否使用空间相关的模型；其次，利用空间门槛模型或者普通门槛模型分析科技人才集聚对区域创新产出的门槛值；最后，通过门槛值分类并进行分段回归，通过空间（GMM）或者普通 GMM 模型得到科技人才集聚对区域创新产出的影响大小和方向。

第七章为科技人才集聚对区域创新影响的异质性实证研究。主要从不同创新环境、地区以及部门科技人才集聚三个方面分析对区域创新产出影响的异质性。其中使用 PSTR 模型对进行分析利用该模型主要解决两个问题：一是在不同创新环境下科技人才对区域创新产出是否存在非线性关系；二是这种非线性关系的转换速度如何。地区异质性是将我国划分为东、中、西三大区域，假定在各区域内的省份具有同质性、区域外异质性。部门异质性是指将我国科技人才分为工业企业、科研机构和高等院校三个部门，分别对这三个部门的科技人才集聚对区域创新产出的影响进行回归。

第八章为结论与研究展望。对全书的基本结论以及相应的政策含义进行总结阐述，并对本书的不足之处以及未来可能的研究方向作出进一步展望（见图1-1）。

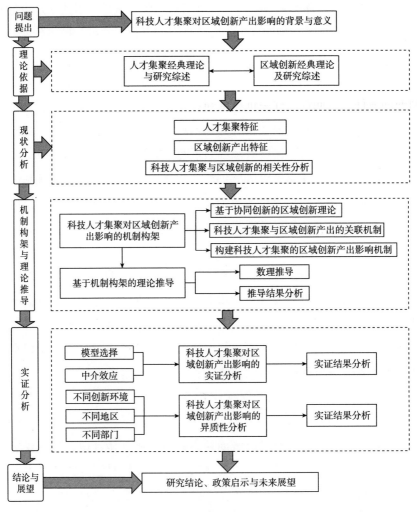

图1-1　本书的研究框架

第三节 核心概念的界定与辨析

一、人才和科技人才的概念

人才和科技人才概念为本书的核心概念，在不同阶段定义略有不同。我国对人才的概念定义较广，对"人才"含义的认知也有一定差异。20 世纪 80 年代，人才定义与人才学研究相伴而生，我国人才学重要创始人王通讯（2001）认为，"人才就是为社会发展和人类进步进行了创造性劳动，在某一领域、某一行业，或某一工作上做出较大贡献的人"[①]。该定义也强调了人才劳动的创造性、方向性、社会价值量等。

20 世纪 90 年代，人才定义有了新的发展，其中，叶忠海（1994）认为，"人才是指在一定社会条件下，能以其创造性劳动，对社会或社会某方面的发展，做出某种较大贡献的人。人才的本质则是创造性、进步性、社会历史性的统一"[②]。这与初创阶段的主流定义在基本内涵上是一脉相承的，突出的特点在于指出了人才所在的"社会条件"。

21 世纪初，在中央人才工作会议的推动下，"人力资源是第一资源的观念"不断深入人心，人才的定义也不断深化发展。罗洪铁（2002）认为，人才是指那些具有良好的内在素质，能够在一定条件下通过不断地取得创造性劳动成果，对社会的进步和发展产生了较大影响的人。[③] 林春丽（2002）认为，该定义对于评价杰出人才是非常合适的，但对于衡量众多的中国各行各业从业人员是不合适的，毕竟能做出创造性劳动的人才是非常稀缺的，这样的人才定义过于狭窄，不利于建立中国人的自信心，更不利于人力资源开发，因为人才标准过高，可望而不可即。

在由经济合作与发展组织（OECD）和欧洲统计局共同开发的《堪培拉

---

① 王通讯. 人才学通论［M］. 北京：中国社会科学出版社，2001：2.
② 叶忠海. 谈谈潜人才［M］. 人才开发，1994（2）：1.
③ 罗洪铁. 再论人才定义的实质问题［J］. 中国人才，2002（3）.

手册》中，对科技人才进行了界定："科技人才"是在科技领域顺利完成高等教育学习研究的人员，或虽然不具备这种学历，但其从事的科技职业正常情况下必须具备这种资格的人员。

由以上定义可知，随着时代的发展和知识的积累，如果不通过系统地学习某一科目的文化知识，就很难在某一领域有所创新、有所作为。因此我国的人才定义可以根据《国家中长期人才发展规划纲要（2010—2020 年）》中指出的"人才是具有一定的专业知识或专门技能，进行创造性劳动并对社会作出贡献的人，是人力资源中能力和素质较高的劳动者。人才是我国经济社会发展的第一资源"。同时，本书在认定科技人才需要对社会做出贡献的基础上，兼顾知识和学历对一个人成才的贡献，认为科技人才是通过系统学习某一类专门的科学知识后应用于工作学习，并且取得一定成就的人。但是考虑到数据的可获得性，将科技人才定义为在科学技术领域，为增加知识总量（包括人类文化和社会知识的总量），以及运用这些知识去创造新的应用从而进行系统创造性活动的人，统计上用试验与发展人员（R&D 人员）代替，包括基础研究、应用研究、试验发展三种活动类型。

二、人才集聚的概念界定

在人才集聚的概念中，多数学者将人才集聚定义为空间上的人才从不同地区向同一地区集聚的现象（朱杏珍，2002；张体勤，2005），也有学者将人才集聚表述为人才集聚除空间集聚之外，还有产业、行业等空间人才发展状态（桂昭明，2014）。本书的人才集聚主要是空间上的集聚，暂不考虑人才在产业、行业上的集聚。具体而言，人才集聚是指当人才由其他地区向某一地区流动达到一定规模时，所产生的人才聚集现象，人才集聚是人才流动的结果。就同一地区而言，人才集聚的增加往往伴随着该地区人才规模的扩大，容易将人才集聚的变动等同于人才规模的变动而将两者混淆，因此本书特别对人才集聚与人才规模的区别与联系进行辨析。

首先，人才集聚与人才规模的区别在于：当人才集聚大小变动时，人才规模可以保持不变，其含义是在相同的人才规模下，由于人才活动范围不同，其集聚程度也不同，活动范围决定集聚程度的高低，活动范围大集聚程度低，活动范围小集聚程度高。

其次，人才集聚与人才规模的联系在于：从固定面积的区域来说，该地区的人才集聚与人才规模同方向变化，其含义是一个地区的人才集聚增加意味着人才规模的增大，一个地区的人才集聚减少意味着人才规模的减小。

综上所述，人才集聚是人才规模在一定前提下，由于人才活动范围不同导致集聚程度不同的现象，人才规模是指在一定区域范围前提下，人才数量不同导致人才规模不同的现象。因此，当分析科技人才集聚对区域创新产出影响的大小时，是指人才规模在不变条件下活动范围大小对区域创新产出的影响，这主要是因为科技人才规模作为人力资本在区域创新产出中具有非常重要的影响，如果不加以控制会产生较大误差。但科技人才的集聚度仍然可以用固定面积的科技人才数量进行测度。

三、区域创新、区域创新产出、能力和效率辨析

创新的概念首先是由熊彼特（Schumpeter）于 1912 年在《经济发展理论》中指出，创新是将生产要素的新组合引入生产体系，之后创新的概念不断得到丰富和完善，如今创新是不同利益相关者（企业、研究机构、政府、金融机构、客户）团结合作、开展合作项目，进行生产或采用、同化和开发一种增值新产品，更新和扩大产品、服务和市场，发展新的生产方法，建立新的管理制度等，它既是一个过程，也是一个结果（Van Mierlo et al.，2010），由此创新可以分为产品创新、技术创新、市场创新、资源配置创新、制度创新或组织创新等。

本书的区域创新是指区域创新相关理论，包括国家创新系统理论、区域创新系统理论等。本书主要用到区域创新的相关理论为基于协同创新模式的区域创新理论，由区域创新理论和协同理论有机结合演化而来，其中区域创新理论是国家创新系统理论的发展，是国家创新系统理论的微观化，而协同理论是系统科学的重要分支理论，其创立者是联邦德国斯图加特大学教授、著名物理学家哈肯（Hermann Haken）。

区域创新产出为区域创新结果，类似经济学中的国内生产总值（GDP），是衡量一国（或地区）的一段时间内（通常为一年）的创新成

果，目前区域创新产出的衡量指标主要包括专利数量、科技论文数量、新产品销售收入等，其中新产品销售收入和专利数量（专利授权量、专利申请量）是衡量技术创新能力的常用指标。新产品销售收入可以反映从创新到产业化的全过程，较好地体现创新活动的市场价值，专利具有审核标准严格、数据全面易获取等优点，且以往研究表明专利和创新能力的关系十分密切。科技论文与专利一样，有较为严格的审核制度，因此也能够较好地反映区域创新产出。

创新能力与创新效率不同，在学术上是一个较为复杂的概念，创新效率通常既包括投入又包括产出，是指产出与投入之比。而创新能力在目前的文献中既可指创新产出也可指创新投入。创新能力可以分为国家创新能力、区域创新能力和企业创新能力等，不同学者对于区域创新能力的理解有所差别，部分学者通过研究认为区域创新能力是某个地区运用资源要素将知识转化为新服务、新工艺、新产品等的能力（柳卸林等，2003），即创新效率。黄鲁成（2000）通过研究得出区域创新能力是以区域内的科技能力为前提，通过利用区域内的技术能力来实现工艺创新、产品创新的能力。吕可文等（2017）指出，区域创新能力是区域内长期利用创新技术进行生产并商业化的能力。

综上所述，区域创新一般是指区域创新系统理论，既是一个过程也是一个结果，而区域创新能力既有效率又有产出，容易混淆，因此本书使用区域创新产出的概念作为研究对象。

第四节　研究方法与数据来源

一、研究方法

（一）规范分析方法

结合新经济地理学理论、劳动经济学理论、区域创新理论、人力资本理论等，对科技人才集聚形成的格局以及科技人才集聚对区域创新的影响机理等方面进行深入的分析。

（二）实证分析方法

运用空间经济学、计量经济学和统计学等多学科的技术方法，采用中国面板数据对相关理论研究和机制分析进行实证检验，以期为国家和区域创新发展政策的制定提供决策基础。主要的方法有以下四个：

（1）采用空间分析技术（ESDA）来定量分析科技人才分布的现状特征，同时采用空间基尼系数等分析区域创新产出的动态变化。此外，还运用ArcGIS 软件，采用 Global Moran's I 指数和 LISA 局部空间分析方法度量区域与周围地区之间的局部空间关联和空间差异程度。

（2）在人才集聚对区域创新产出影响的分析上，需要采用空间计量模型。尽管传统的回归分析假定了不同空间单元是相互独立的，忽略了区域间的相互关联，但随着区域间的联系逐渐紧密，使传统回归中假定空间单元独立对经济和社会问题解释的作用力越来越弱，因此将空间相关性纳入回归分析的框架下提高模型的解释能力显得尤为重要。对于空间相关性的判断，可以采用莫兰指数（Moran's I）进行检验，如果通过莫兰指数的结果和显著性得出科技人才集聚和区域创新产出存在区域相关性，那么使用空间效应的计量模型能够提高科技人才集聚对区域创新产出的解释能力。其次考虑到人才集聚对区域创新产出可能的非线性关系，会用门槛效应模型来处理并以此来分析其对区域创新产出的影响。

（3）在科技人才集聚对区域创新产出影响的分析中，可能会涉及内生性的处理问题，因此会引入滞后项或者某一合适的变量作为工具变量，故而会涉及动态面板广义矩估计（GMM）或者两阶段最小二乘法（2SLS）等模型，又或者是联立方程组构建工具变量，运用 GMM 三阶段最小二乘法对回归模型。

（4）分析科技人才集聚对区域产出的异质性影响时，考虑到人才集聚的空间效应，同样需要使用空间计量模型对其进行测定，因此需要采用空间面板数据以及空间自回归模型等。

二、数据来源

本书的科技人才数据来自《中国科技统计年鉴》以及各省市区的科技统计年鉴，其中《中国科技统计年鉴》在省域层面上对 2000~2017 年科技人才的数量、创新产出（专利授权量、工业企业新产品销售额）进行了统计。各省市区统计年鉴则在省市层面进一步对各行业的科技人才规模以及创新产出进行了统计。还用到其他数据，例如，经济发展、政府支持、外商投资、产业结构和金融发展等指标均来自《中国统计年鉴》以及各省市区统计年鉴。

第五节　可能的创新点

本书可能的创新点主要有以下三个：

（1）突破了以往学术界仅仅关注劳动力流动与经济关系的局限，将研究扩展到人才集聚与区域创新产出的定量研究；将劳动经济学、区域经济学与创新经济学的学科理论打通并贯穿到本书中，在思路上有所创新。

（2）本书结合空间的理论和实证方法，分析科技人才集聚与区域创新产出关系问题，除了考察因素间的作用之外，还能看到空间上地区相互之间的影响和作用；可以弥补传统研究中仅仅关注人才要素投入而在人才要素的空间效应方面研究的不足，正确认识人才集聚要素与区域创新产出之间的关系，希冀为合理规划区域科技人才要素的空间分布，为最终促进区域创新产出提供理论和实证支持。

（3）以二元经济理论、推拉理论分析劳动力流动的传统研究其假设前提是完全竞争、劳动边际报酬和储蓄为零，而新经济地理学以区域在偏好、技术和市场开放程度不同为基本假设，采用规模经济、报酬递增的分析框架，与传统的对劳动力研究有一定区别。此外，通过在新经济地理学、人力资本理论和区域创新理论基础之上，建立一个适合中国实际情况的科技人才集聚对区域创新产出影响的理论分析模型并进行实证检验，从而研究人才资源在国家或区域间的集聚与分散趋势及其对创新产出具有一定的实际意义。

第二章　文献综述

本章分为三个小节：首先对人才集聚相关理论和文献进行梳理和归纳，以便了解和掌握最新的研究成果；其次对区域创新相关理论和文献综述进行归纳和总结；最后从两者的相关文献入手进行梳理和分析，为理论构建和实证研究提供理论基础。

第一节　人才集聚的相关理论和文献综述

一、人才集聚的相关理论

虽然关于人才集聚没有直接的理论，但人才作为区域创新中重要的人力资本投入，人力资本理论为其提供了较强的理论支持。此外，人才集聚可以借鉴新经济地理理论对集聚的原因以及结果进行分析和描述，因此本小节着重介绍人力资本理论和新经济地理理论。

（一）人力资本理论

第二次世界大战结束后，世界经济在20世纪50年代随即复苏，但原有的经济理论无法解释新出现的"经济增长余值之谜""收入分配之谜"等经济学现象。西方经济学家为应对现有经济理论无法解释现实问题的困境，开始试图从人力资本的角度研究在技术进步和经济增长中人的推动作用，人力资本理论逐渐成为西方经济学界新的研究对象，因此得以迅速形成并快速发

展。其中代表性人物有舒尔茨（Schultz）、贝克尔（Becker）和明瑟尔
（Mincer）等。

舒尔茨（Schultz，1960）首次系统地提出了人力资本理论，并于 1979 年
被授予诺贝尔经济学奖，鉴于舒尔茨在人力资本领域的突出贡献被经济学界
誉为"人力资本理论之父"。舒尔茨认为，古典经济学理论的局限在于把人
力看作是单一的、均质的要素投入，将资本等同于物质或有形的形式存在
（即物质资本的投入），而忽略了劳动者本身的知识、技能和经验等综合能力
对经济增长的作用。与物质资本相比而言，劳动者身上的知识、技能、经历、
经验和熟练程度等综合能力也可以看作是一种资本。在此基础上，舒尔茨将
资本区分为物质资本和人力资本，人力资本也是经济增长的重要来源。同时
舒尔茨指出，劳动者为获得知识和技能等需要付出时间和货币，人力资本投
资主要通过教育培训、医疗保健、正规教育、企业之外的技术培训以及为获
得更好的就业机会进行迁移五种途径。舒尔茨强调正规教育的作用，认为教
育水平的提高是促进个人收入增加和缩小个人收入差别最直接的手段。另
外，舒尔茨提出，人力资本能够通过劳动者的劳动时间、数量和质量等方面
的分析将人力资本进行量化。舒尔茨利用收益率法对 1929~1957 年美国经济
增长中教育投资贡献率进行了测算，得到教育对经济增长的贡献率和教育投
资的贡献率为 33%。基于此，舒尔茨还进一步对政策提出建议，政府应该加
大对教育的投资，以实现经济增长的同时减少收入差距。

贝克尔（Becker）是另一位对人力资本理论发展起到重要作用的经济学
家，1992 年诺贝尔经济学奖获得者，为表扬其"将微观经济学的分析视野拓
展到非市场经济领域的人类行为之中"。与舒尔茨不同，贝克尔 1964 年在
《人力资本》一书中以家庭为微观视角阐述了人力资本理论，提出了人力资
本投资的收益均衡模型。他利用成本—收益法，通过个人预期收益与支出边
际相等原则来分析人力资本投资决策问题。在人力资本的投资方面，贝克尔
沿用了舒尔茨的分析思路，认为人力资本投资主要包括教育、在职培训和医
疗保健等方面的支出。此外，关于人力资本投资，贝克尔还提出了年龄—收
入曲线，并得出在人的一生中，人力资本投资量随着年龄的增长而不断递减。
个人对人力资本的投资会随着年龄的增长出现先增加后减少的趋势。当人年

轻时，对人力资本投资越多其收入会越高，因此会增加对其投资，而随着年龄的增长，人力资本投资的边际收益会下降，进而会减少对人力资本的投资。

明瑟尔（Mincer）是 20 世纪 50 年代末开创和系统发展人力资本理论与研究方法的著名经济学家。明瑟尔最突出的贡献在于通过建立人力资本投资收益率模型解释了人力资本与个人收益的关系。在明瑟尔之前，经济学家普遍认为劳动者的劳动均质化，劳动者的收入差异主要与其他禀赋有关（如遗产馈赠等）。而明瑟尔在《人力资本投资与个人收入分配》论文中将劳动者的受教育年限作为衡量人力资本投资的指标，人力资本投资收益率模型得出个人在基于收入最大化的目标下所进行的不同人力资本投资的决策决定了其个人收入差距。此外，他还将人力资本理论与分析方法应用于劳动力市场行为和家庭决策，他最先把非市场的家庭经济活动与市场活动结合起来，通过收入效应和替代效应这两种替代关系分析了家庭成员中已婚妇女的劳动供给问题。

20 世纪 80 年代中后期，知识经济背景下新经济增长理论兴起，以 Romer 和 Lucas 为代表的经济学家们加入到对人力资本理论的研究中，使人力资本理论不断得到丰富和完善。而知识和人力资本因其具有收益递增性会吸引国际资本流入，除了 Romer 和 Lucas 等经济学家对人力资本在经济增长中的作用所进行的研究之外，其他一些经济学家也从不同的角度对人力资本理论的发展做出了贡献。

（二）新经济地理理论

新经济地理学是当代西方经济学领域中第四次对传统经济学的突破与发展。传统经济学忽略地理空间的作用，在研究中将地理区域之间的运输成本简化为零，此外传统经济学还假设规模报酬不变以及完全竞争，由此预测在地区之间不存在基本差异时，经济活动将在地区之间均匀分布。传统的经济学在建立之初对现实经济问题有较强的解释能力，但无法解释经济活动在空间中存在的集聚与分散现象，因此，克鲁格曼（Krugeman，1985）等在传统经济学的基础之上，借鉴不完全竞争模型和收益递增假设，通过建模重新考察经济在空间上的结构和变化，试图将空间地理和经济学分析进行有机整合，以增加经济理论对现实问题的解释能力。新经济地理学的研究目标为基于微观一般均衡方法，构建一个将地理因素（离心力和向心力）纳入的空间经济地理模型，通过求解模型的均衡条件来分析离心力和向心力如何对经济活动的离散和集聚产生影响并最终趋于稳定。克鲁格曼基于以上认识，建立了三个经典模型：中心—外围模型、历史—预期模型、区域专业化模型，这三个模型已成为新经济地理学的基本模型。

1. 中心—外围模型

中心—外围模型的提出主要是为了解决现实中制造业部门为何集中于发达地区和不集中于非发达地区的问题。理论假设前提为世界经济分为两个地区和两个部门：两个地区有相同的技术和偏好，其他条件相同；一个部门是规模报酬不变的农业部门，另一个部门是规模报酬递增的垄断竞争性的制造业部门。农业部门中的农民只从事农业生产，农产品同时且均匀分布，在分析中忽略农业部门。在制造业部门，工人可以从工资水平低的地区自由流动到工资水平高的地区，并且在两个地区之间存在固定比率运输成本和厂商追求利润最大化。此时通过构建该模型将制造业的生产和工人流动进行了内生化，得出企业生产随运输成本的非线性变化。当运输成本较高、规模经济较弱和制造业在市场中的份额较小时，企业会选择在距离消费市场较近的地区进行产品生产。随着运输成本开始下降到中间水平时，企业开始出现集聚现象，当一个地区的经济规模越大时，在规模经济、价格指数效应以及累积循环因果效应方面，导致商品的生产规模越大而价格指数越低，但是付给工人的工资越高，从而促进工人和企业的进一步集聚。随着运输成本的再次下降，主要看主导力量是分散力量还是集聚力量，当运输成本接近于零时，企业开始不受地域的束缚，制造业企业的位置出现分化。该模型回避了马歇尔所提出的难以理解的纯技术外部性概念，没有涉及地理范围的外部经济性，而是通过引入规模报酬递增、人口流动和运输成本来对制造业区域集聚的原因进行解释。但其大多数结论是建立在经济数学模型基础上的，而一些经济活动空间分布的决定性内生变量并不都可以用显性函数形式来表达，从而使中心—外围模型的推广受到一定的限制。

2. 历史与预期模型

虽然中心—外围模型说明了制造业为什么向某一地区集聚，但并没有说明制造业选择一个地区而不选择另外一个地区实现产业集聚的原因，因此历史与预期模型从产业集聚的路径依赖对此进行解释。

克鲁格曼在前人的基础上，建立了一个既考虑历史又考虑预期的动态模型，用来分析历史和预期各自在产业集聚的路径依赖问题上所处的地位。该模型就单一要素经济的情况进行分析。模型的假设条件是：经济活动生产出两种商品（商品 X_1 和商品 X_2），商品 X_1 的生产规模和报酬保持不变，商品 X_2 的生产具有外部经济性；无论是商品 X_1 还是商品 X_2 都以固定的价格进行销售，商品是标准化的，劳动是同质性的，劳动力自发向高工资的部门流动。克鲁格曼认为，历史决定初始条件，进而决定最终结果。如果劳动力可以在部门之间自由流动并且不产生成本，那么初始工资高的部门将流入所有的劳动力，而初始成本低的部门将被解散。如果劳动力在两个部门之间流动存在成本，那么劳动力在两个部门转移时会从目前的工资差异和未来的预期工资两个方面进行决策。通过该模型的分析发现，历史和预期的相对重要性依赖于基本的经济机构，特别是调整成本。

3. 区域专业化模型

为了进一步考察全球化对已实现工业化的国家和地区的产业结构的影响，克鲁格曼和维纳布斯（1996）从分析厂商横向与纵向之间的关联特征入手，分析产业在区域间的集聚均衡条件，由此建立起区域专业化模型。区域专业化模型的基本假设为：存在两个已经实现工业化的国家和两种产业，由于两个国家已实现工业化，因此规模报酬不变的农业在两个地区均匀分布而不再进行讨论，而是将焦点关注在不完全竞争的制造业上，此外假定两个国家和两个产业部门的需求和技术完全对称，通过贸易成本和产业间的内部和外部关联变量，考察两种产业在地区间的集聚均衡条件。由此得出，两种产业最终在两个国家间形成集聚需要满足较为苛刻的条件。具体而言，当两个产业部门的产业间联系强于产业内联系时，即使两国间不存在交易成本也不会发生产业集聚，或者说即使一开始存在产业集聚，这种现象也不会持续；当两个产业部门的产业间联系弱于产业内联系时，如果两国的交易成本较高，同样不会产生产业集聚，两个产业会因为交易成本的存在而在两个国家均有分布；只有当两个产业部门的产业内联系强于产业间联系，并且两国的交易成本在某一数值以下时才会发生产业集聚。产业内联系越强,交易成本对产业集聚的影响力相对越弱,因此交易成本的上限会进一步提高。

二、人才集聚的文献综述

(一)人才集聚的概念研究

国外对人才集聚概念的定义较少,多见于劳动力和人力资本的流动与集聚的研究中。例如,斯加斯塔德(Sjaastad,1962)和加布里埃尔等(Gabriel,1993)认为,劳动力集聚是工人从生产力较低的地方转移到生产力较高的地方,总劳动生产率上升,通过这种劳动力转移使有效劳动力配置不断优化的过程。贾内梯(Giannetti,2003)和贝利等(Berry et al.,2005)认为,人力资本集聚是由地区政策和对技能需求导致的人力资本集聚,城市中技术人员的高度集中会产生更多的技术性工作,在技能互补的情况下,人力资本高度集中会使技术工人有更高的工资率。与国外相比,国内学者对人才集聚的概念作了更多的论述,可以归纳为两类:一是从人才集聚的过程进行定义,认为人才向某一方向流动即为人才集聚。多数学者从空间流动视角对人才集聚进行定义,认为人才集聚是人才资源在流动后产生的一种特殊行为,是人才受到某些因素的影响后从不同地区向某一地区流动的过程(孙健,2007;刘思峰,2008)。盛亚等(2015)在分析浙江科技人才集聚问题时,进一步明确了科技人才集聚是科技人才在向同一地区集聚的同时还具有横向集聚(同一类型的科技人才集聚)和纵向集聚(不同类型的科技人才集聚)的特性。牛冲槐等(2006)认为,人才集聚不仅表现在物理空间的聚类,在某一行业等虚拟空间的聚类现象同样属于人才集聚的范畴,人才集聚具有空间性、聚类性和规模性三大范畴。二是从人才集聚的结果定义人才集聚的概念,认为人才集聚不仅是聚类的过程还是产生规模效应的过程。例如,喻汇(2009)以人力资本为研究对象得出人力资本集聚是指在经济、制度、文化、技术等要素的共同作用下,具备一定存量的专业人力资本,向某一区域空间和产业范围内集聚并形成一定规模经济的过程。赵娓(2010)也认为,人力资本集聚的概念可以界定为:一群独立自主又彼此依赖、相互关联的成员集合在一起,利用各自的人力资本要素,促进信息与知识的流动及新思想、新技术的创造，发挥出整体系统大于部分之和的效应。

（二）人才集聚格局的研究

人才集聚格局是了解人才集聚的基础，为此我国学者在国家层面和地区层面都已经展开了相关研究，姜怀宇等（2005）最早对我国人才分布、影响因素和对区域经济影响等做了较为全面的分析，得出我国人才分布的空间格局1990~2002年发生了较大转变，人才的分布重心由北方内陆地区向东南沿海地区转移。这种人才格局依然存在，我国各地区人才集聚为东部地区人才集聚程度最高、东北地区次之，西部地区第三（张美丽等，2018）。从人才集聚的时空发展演变来看，人才主要向以北京、天津为中心的京津冀和以上海为中心的长江三角洲等地区集聚，人才总体呈现"T"形的分布格局，北方人才密度高于南方，且西南地区和中部地带存在"人才塌陷"危险。人才的空间聚集呈现明显的"辐合效应"和"辐散效应"，并经历由北向南逐步偏移的过程（张波等，2019）。此外，我国的科技人才集聚呈现差异有扩大的趋势（霍丽霞等，2019），王若宇等（2019）指出，我国局部地区人才集聚出现集中化的现象。刘晖（2019）得出在京津冀内部，北京、天津通过收入和高端医疗设施吸引河北专业技术人才集聚，但同时也发挥"空间溢出效应"，通过优质义务教育、高等教育、科研集聚提升河北省人才集聚力。另外，从人才类别上分析人才集聚格局，不同类别的人才在分布规模和集聚程度上有所差异，其中党政人才、高技能人才和社会工作人才呈双中心集聚格局，企业经营管理人才与专业技术人才呈多中心与带状集聚，农村实用人才呈单中心圈层格局（刘晖，2019）。

（三）人才集聚的影响因素研究

在人才集聚的影响因素研究中，学者研究较多的为产业集聚对人才集聚的作用。产业集聚与人才集聚的关系研究可以分为理论和实证分析两种方式。其中，理论上分析产业集聚对人才集聚的影响时间较早，例如，王锐兰、刘思峰（2006）提出，发达地区创新人才集聚与区域发展之间存在耦合关系，进而能够促进区域的产业集聚和整体素质的发展。张西奎（2007）认为，人才集聚是由内在原因和外在原因共同决定的，其中内在原因为人才的生产要素性质，外在原因是较高的纯利益，产业集群提供了大量工作机会、较好的成长环境和较高的收入。张梅梅（2010）在分析产业集聚与人才集聚的关系时，得出产业集聚的过程并非单纯的空间变化，而是在集聚的过程中会影响产业结构和人才的集聚和结构。

首先，随着研究的深入，学者开始从理论和实证两个方面对产业集聚和人才集聚的关系进行分析。例如，曹雄飞（2017）利用我国 29 个省份的数据测算了人才集聚与产业集聚的互相影响，分析得出在区域层面对高技术产业集聚发挥作用的影响因素有开放度、政策、交通等因素。裴玲玲（2018）得出科技人才集聚与高技术产业发展之间存在着显著的正向互动关系，且科技人才集聚在两者的互动机制中居于"优势地位"。

其次，学者从经济、地区政府和社会环境等宏观角度分析人才集聚的影响因素。例如，李刚等（2005）则认为，人才交易和信息成本的降低，科研教育水平提高，人才集聚效应等因素是导致人才集聚的主要原因。孙健（2008）认为，人才集聚主要靠市场发挥作用，地方政府只需为人才集聚提供高质量服务的辅助角色。张春海等（2011）通过我国 30 个省份的数据分析，得出经济发展、教育、工资、生活环境和科研投入等因素是我国科技人才集聚的主要原因。

最后，随着研究的细化和微观调查数据的丰富，学者逐渐由全国层面转向局部地区、由宏观转向微观分析科技人才集聚的原因。例如，童玉芬（2018）分析了京津冀地区高学历人口的空间集聚原因，得出医疗设施、义务教育资源、第三产业集聚水平、知识溢出发挥吸引力作用，吸引高学历人口向北京与天津两大中心集聚。李燕萍（2018）通过收集的人才数据，运用扎根理论得出，影响人才居留的因素为个体城市情感/契合、生存、亲友、政府、城市、个体能力与机缘七大类。

（四）人才聚集效应的研究

人才聚集效应是指一定规模的人才按照一定模式集中在一起后产生大于独立存在作用的效应。目前关于人才集聚效应的研究多集中于国内，国外尚未有学者对人才集聚效应进行讨论。在国内，大体可以分为两大类：一类是从理论方面分析人才集聚效应；另一类是从实证角度方面分析人才集聚效应。

人才集聚效应的理论研究主要从两个方面：一是学者从集聚效应的分类

入手研究集聚效应理论。例如，牛冲槐（2006）认为，人才集聚的前提为人口集聚，人才集聚首先表现为人才集聚现象，其特征为空间性、聚类性和规模性，人才集聚到一定程度时就会产生人才集聚效应，人才聚集效应共包括八个方面：信息共享效应、知识溢出效应、创新效应、集体学习效应、激励效应、时间效应、区域效应和规模效应，其中创新效应和集体学习效应为知识溢出的联动效应。刘思峰等（2008）通过对科技人才集聚的研究得出科技人才集聚会形成创新团队，分别在个体层面产生升值效应和抗风险效应；在团队层面形成团队协作效应、传承效应和马太效应；在社会层面形成羊群效应、加速器效应和示范效应。二是从集聚效应发挥的作用大小的视角分析集聚效应理论。例如，朱杏珍（2002）认为，一个区域内异质性的人才要素能够实现互补、替代和积累，从而使该地区的创造力不断扩张。张敏等（2010）通过分析中小企业的人才聚集效应得出，人才在空间范围内集中到一定规模时会发生质变，表现出较高的效率并且引发其他经济现象。王世杰（2014）以新兴产业科技人才集聚为研究对象，通过建立数学模型深入探究了科技人才集聚效应。事实上人才集聚不仅具有正向效应，也可能会产生负向效应（张体勤，2005）。人才集聚效应的定量研究则主要是通过各个地区的集聚现状和发挥的作用加以分析。李明英等（2007）基于中部六省的实证研究指出，人才集聚效应主要表现在集成规模效应、区域空间效应、信息分享效应、持续激励效应、集体学习效应、知识溢出效应六个方面。田凌晖（2007）通过构造人才集聚指数法测算了2000~2004年五所高校的人才集聚绩效，得出这五所高校人才均优化发展。张同全（2009）利用主成分分析法对长三角、珠三角等23市三大制造业的人才集聚效应进行了测算，得出各地区人才集聚效应存在差距，并且该差距是由综合因素影响的结果。牛冲槐等（2010）使用我国省份面板数据利用人力资本增长模型分析了科技型人才聚集对区域经济增长收敛的影响，结果表明，科技型人才能显著促进区域经济增长，对区域经济收敛有显著的促进作用。

第二节　区域创新的相关理论和文献综述

一、区域创新的相关理论

（一）区域创新系统理论

库克（Cooke，1988）首次对区域创新系统进行了界定，区域创新系统是由一定区域内的企业、政府、教育和研究机构等共同构成的以创新为导向相互联系且分工合作的区域组织体系。企业在众多的区域创新系统主体中起着核心作用，政府、教育和研究机构等起着支撑作用，各创新主体通过彼此之间的交流和互动发挥其在系统创新中的作用。随后，区域创新系统的内涵不断被丰富和完善。奥蒂奥（Autio，1998）进一步将区域创新系统定义为多个区域创新子系统构成的社会系统，各个子系统之间以及子系统内部相互交流，共同推动区域创新系统的演化与发展。兰博伊（Lambooy，2002）认为，区域创新系统是由区域创新参与者构成的良性互动的动态体系，该体系一方面能够使各个主体充分发挥各参与者的才能，另一方面能够引导政府和其他组织等建立学习能力和认知能力。国内学者也试图从不同角度阐述区域创新系统的概念，冯之浚（1999）认为，区域创新系统是指由某一地区内的企业、大学和科研机构、中介服务机构和地方政府构成的创新系统。沈庆义（2006）认为，区域创新系统就是能协调安排创新网络关系，把企业、大学、科研院所、中介机构以及政府等各种经济组织有机地联系起来，配置创新资源，提高资源的利用效率的一个组织网络。

根据学者研究，区域创新系统具有区域性、创新性和系统性的特征（刘江日，2014）。具体而言，区域性是指区域创新系统在一定的地理范围内，会受到区域历史文化、政治环境和资源禀赋等条件和水平的制约，同时区域创新系统方面的研究也会因区域内不同参与者之间合作或者竞争关系的不同而不同（Asheim，2005；Cassiolato，2005）。虽然区域内相互合作互利共赢的模式日益频繁（Tidd et al.，2008），但为了企业利益，提高自身的创新绩效，企业也会与区域内的中间组织甚至竞争对手进行合作（Lau，2015）。创新性是指系统主体要素和资源要素在互动和组合过程中都应以创新为导向。区域创新系统能够促进企业、大学和金融机构等进行技术资产整合，而系统内各主体的互动与交流促进了知识的生产和外溢，在使技术得到提高的同时推动区域创新产出和区域经济的发展（Grimaldi et al.，2013）。系统性是指整体性、自组织性和开放性区域创新系统能够建立治理机制、选择合作伙伴、管理行为、态度、生产、商业以及机构与私营企业、技术和商业之间的关系，也可以评价创新系统效率、加强伙伴关系，通过相互学习来实现合作目标（Cooke，1997；Arranz，2012），区域创新系统能够发展合作项目和伙伴关系，改善制度和地理环境，培育连通性，促进创新（Rodrigues et al.，2013；Bernard et al.，2013）。

（二）协同理论

协同理论（Synergetics）也被称为"协同学"，其创立者是联邦德国斯图加特大学教授、著名物理学家哈肯（Hermann Haken），是 20 世纪 70 年代以来在多学科研究基础上逐渐形成和发展起来的一门新兴学科，是系统科学的重要组成部分。

协同理论的中心思想是通过在系统中进行协同运作从而产生有序结构，从而提高系统的价值。为了使系统内部达到协同运作的目的，系统内部的各要素之间必须相互协作和相互作用。只有当各要素在系统内部形成一个有机整体，各个要素既独立又相互关联和协作，才能最终产生有序的系统结构。协同论一般将每一个系统视为三个层次有机构成的复杂系统：第一层为微观要素层；第二层为中观子系统层；第三层为宏观整体层。在区域创新系统中，第一层的微观要素层是指为企业、高校和科研院所中的人才、技术、信息和设备等最基本要素；第二层的中观子系统层是指企业、高校和科研院所以及其他的金融中介、政府部门等单个机构；第三层是指所有中观子系统层的机构有机配合和协作组成整个区域创新系统。在每个系统层的内部各要素之间相互合作，产生非线性的相互作用，在这种作用下构成这一层级的子系统，随后各个子系统继续发生相互协作以及非线性的作用，最终构成宏观的整体系统。目前，协同理论的方法论已应用到很多领域，如生物领域、物理领域以及社会经济领域。

二、区域创新的文献综述

（一）区域创新评价的研究

对区域创新的整体评价是一项综合性指标，学者们采用不同的方法对区域创新进行了评价。目前对区域创新评价的方法主要有以下五种：

（1）聚类分析法。例如，李颖、曹卫东（2016）同样以安徽省各地区为分析对象，采用聚类分析法和 TOPSIS 分析法对创新能力进行了评价与分类。党玮等（2015）以华东地区为分析对象，运用灰色聚类和主成分分析的方法对区域创新能力进行了分析。

（2）熵值法。杨国忠、颜鹜（2015）为分析省（市、区）之间的差异，运用熵值法和 TOPSIS 分析法对我国 31 个省（市、区）从综合创新能力和单项创新能力进行评价并提出促进高新技术产业创新能力发展的建议。曾月征、袁乐平（2016）借用管理熵理论构建了区域创新能力的评价体系，并且运用熵值法求得各指标的计算公式，最后结合布鲁塞尔（Brusselator）模型为优化区域创新系统提供了一种新的方法和思路。周洁等（2016）运用熵权TOPSIS 法对我国 9 个产煤大省的区域创新能力进行了评价。徐永智、衣保中（2017）利用熵值法改进了主成分方法中对综合值计算的不足，并且将区域创新能力的评价指标纳入了知识能力和区域创新环境，最后运用该方法对东部各省份创新能力进行了重新评估。

（3）模糊评价法。赵炎、徐悦蕾（2016）以上海市的区域创新相关数据为基础，运用 AHP 和模糊综合评价法对上海的区域创新能力进行分析，并对此提出适当的建议。

（4）DEA 测算法。例如，牛冲槐等（2015）利用超效率的 DEA 方法，以 R&D 资本投入和人员为投入变量，以区域创新产出为产出变量，测算了中部六省的研发效率及排序。

（5）其他方法。傅为忠、李宁馨（2015）提出了一种基于 ANP 和 GRAP相结合的评价指标权重计算方法，该方法克服了指标之间的联系和相互影响的不足。易平涛等（2016）兼顾创新投入、创新产出和创新环境三个方面，运用客观序关系分析法对中国东部区域的 11 个省（市、区）域创新能力进行了评价。韩春花、佟泽华（2016）采用模糊广义回归神经网络模型从区域创新产出、投入和环境对区域创新能力评价进行了实证分析。

（二）区域创新的影响因素

区域创新产出的影响因素主要从创新投入、社会资本、外商直接投资、政府政策、金融环境和经济发展方面加以分析。

（1）创新投入。作为区域创新产出的投入要素，区域创新投入对区域创新的产出已有较为全面的论述（Jaffe，1989；Feldman，1994），我国学者主要对创新投入与区域创新产出的关系进行实证检验。例如，岳鹄、张宗益（2008）利用我国30个省份的创新产出面板数据，实证分析科技创新投入以及区域创新环境对区域创新产出效率的影响，得出我国各省市的创新能力主要由各地的R&D投入差异导致。沈飞（2012）通过分析区域创新投入与绩效的关联性，得出创新投入能够提高区域的创新能力。于明洁、郭鹏（2012）应用典型相关分析方法得出区域创新投入与创新产出具有显著的相关关系。王淑英等（2018）利用空间杜宾模型对我国30个省份的区域创新投入和区域创新能力溢出效应进行了研究。此外有学者从不同地区分析科技人才集聚对区域创新产出的作用（张洁音、潘晓霞，2014；杨洪涛、左舒文，2017；周密、申婉君，2018），均得出科区域创新投入对区域创新能力有较强的促进作用。

（2）社会资本。社会资本对区域创新产出有一定的作用，同时对区域创新能力的作用主要从理论和实证两个方面进行了分析。在理论方面，黄栋等（2002）认为，社会资本是一种组织关系资源，具有特定的经济价值：有利于获取创新资源；降低创新的不确定性；增强区域整体创新能力。丁焕峰等（2006）在理论上分析了社会资本对区域创新产出的作用。薛风平（2010）从理论上分析了社会资本通过影响区域创新、知识获取、知识转移与知识整合进而影响区域创新能力的提升。此外也有学者从社会资本对区域创新网络的运行机制，分析其对区域创新能力的作用（饶扬德，2007；施建刚，2007；贾延红，2008；刘伟，2018）。在实证方面，赵丽丽（2015）通过实证得出社会资本对区域创新能力的影响是非线性关系，存在基于制度环境（市场化进程、政府干预和法治水平）的门槛效应。赵雪雁等（2015）将社会资本分为信任维度、规范维度和网络维度，其中，信任纬度与区域创新能力有显著的正向相关关系，规范纬度和网络纬度与区域创新能力呈负相关。楼永（2017）将区域创新分为技术开发阶段和应用阶段，在技术开发阶段，结构型社会资本对区域创新产出的正向作用较大；在技术应用阶段，认知型社会资本对区域创新产出的正向作用较大。王志祥（2019）基于多重中介效应模型，实证检验社会资本提升区域创新能力影响机制。结果发现：社会资本是驱动区域创新能力提升的重要因素，且社会资本对区域创新能力的作用可能存在非线性关系。

（3）外商直接投资。外商直接投资通常被认为是先进技术转移和扩散的重要渠道，近年来对于 FDI 是否能促进国内企业的技术进步，正日益成为学者们和产业界争论的焦点。我国学者就外商直接投资（FDI）对区域创新产出的作用进行了实证研究。例如，侯润秀、官建成（2006）使用我国各个省市的面板数据，通过实证检验外商直接投资（FDI）对区域创新能力的影响，得出实际利用外资额区域创新产出有正向影响。陈劲等（2007）通过实证得出 FDI 对提升我国区域创新能力的作用是有限的，对提高自主创新能力和增强原创性的科技能力无显著影响。王三兴、熊凌（2007）、曹广喜（2009）和桑瑞聪、岳中刚（2011）等先后按照东、中、西部地区分组后研究得出 FDI 的技术溢出效应对地区创新产出的作用有限，并且存在地区差异。此外还有学者从人力资本角度（徐磊、黄凌云，2009；鲁钊阳、廖杉杉，2012）和门槛效应（罗军，2016；李健等，2016；张涵，2019）等角度就 FDI 对区域创新产出的作用进行了实证分析。

（4）政府政策。政府政策也是影响区域创新产出的重要变量。宋建元（2001）从宏观、微观两个层面对区域创新系统中政府职能进行了剖析。王子龙（2003）从区域政策创新的主体—政府节点的定位入手，对区域创新网络中的政府职能进行了初步分析。李晓娣（2007）得出在区域创新系统的构建和成长阶段，政府起着第一推动力的作用并且应该因为区域状况不同而有所差异。王秀婷（2018）得出政府投向高校的 R&D 经费对区域创新能力有明显的正向作用，政府投向企业和科研院所的 R&D 经费对区域创新产出并没有很强的正向作用。李政等（2018）将政府参与区域创新活动方式分为战略引领、创新环境建设以及直接参与三种，从理论与实证角度分析了政府参与对区域创新效率的影响。孙德梅等（2014）以中国 31 个省份面板数据为基础，通过理论和实证研究政府行为、金融发展对区域创新绩效的影响。结果发现，政府行为对创新绩效提升作用明显。杨若愚（2016）基于中国 30 省市的面板数据，实证检验了市场竞争、政府 R&D 投入和知识产权保护与区域创新绩效的关系，研究发现，减少地方保护可以有效地促进区域创新绩效的提升。

（5）金融环境。金融发展对区域创新产出的实证研究主要从金融发展的结构和规模、金融发展的空间关联和金融发展对区域创新的非线性关系等角度进行展开。例如，冉光和等（2013）将金融发展分为结构、效率和规模，通过实证得出金融发展的结构和效率对区域创新能力产生正向作用，而金融发展的规模对区域创新能力并不产生作用。张翼等（2019）通过实证得出地区金融发展和中小企业的集聚成长能够有效提升区域创新能力，并且两者存在相互促进机制，东部和中部地区金融发展和中小企业集聚对区域创新的推动作用高于其他地区。高星等（2018）通过构建空间杜宾模型并从时间序列、地区和专利三大角度研究金融发展对区域技术创新的影响。研究表明，金融发展的技术创新产出效果存在较强的异质性。李晓龙等（2017）首先分析了金融发展对区域创新产出的影响机理，在此基础上，利用中国 30 个省份面板数据，实证检验了金融发展对区域创新产出的影响，结果表明，金融发展规模扩大能够增加区域创新产出。赖永剑、贺祥民（2015）将金融发展定义为金融相关比率和金融市场化，通过面板平滑转换回归模型得出，金融相关比率和金融市场化衡量的金融发展对区域创新绩效均存在显著的非线性影响。

第三节　人才集聚与区域创新的相关研究综述

关于人才集聚对区域创新产出的现有研究较少，此外对科技人才集聚是否对区域创新产出有作用也持有不同的观点，有学者指出人才集聚对区域创新产出通过人才集聚效应对创新产生影响。芮雪琴等（2014）通过实证检验得出仅通过人才集聚不能达到提升区域创新能力的目的，而应该提高科技人才集聚效应以达到提升区域创新产出能力的目的。王晖（2015）通过结构方程理论，构建了科技人才集聚和科技创新产出关系的测量方程和结构方程，得出科技人才集聚对科技创新产出有正面影响。刘晔等（2019）基于县级尺度的专利数据，分析区域内科研人才的知识吸收能力对区域创新产出起到的作用，结果表明，科研人才的知识吸收能力仅在创新产出水平高的区域对某些创新投入要素起到正向调节作用，表现为科研人才存量与企业 R&D 投入、政府 R&D 投入和外商投资三大主要影响因素的交互项仅在区域创新产出水平高的区域显著为正。也有学者认为科技人才集聚在规模和强度方面对区域创新有不同影响。例如，修国义等（2017）将人才集聚分为人才规模、集聚均衡度和集聚强度，通过借鉴区域熵思想和随机前沿距离函数模型，发现人才集聚规模和均衡度对区域创新效率有显著的正向影响，人才集聚强度对创新效率有显著的负向影响。还有学者指出人才集聚对区域创新产出有非线性影响。陈淑云（2017）采用固定效应、随机效应等计量方法，分别就人口和人才对区域创新产出的作用进行了实证研究，结果发现，从区域角度来说，东部地区人才集聚对技术创新的作用小于中、西部地区，说明东部地区人才集聚存在"挤出效应"，高素质人才对技术创新的边际效用开始递减。曹薇等（2017）以高技术产业为样本，结合 C-D 生产函数和门槛模型，对 1995~2014 年我国各省市人才集聚和区域创新产出的关系进行了非线性实证检验，结果得出并非科技人才集聚度越高区域创新产出的促进作用越明显。

第四节　研究动态评述

目前人才集聚主要研究的问题集中在人才集聚的内涵、人才集聚的影响因素、人才集聚的效应以及人才集聚的格局四个方面。虽然人才作为知识的载体日益受到重视，并取得了相当多的研究成果，但该领域在研究总体上还处于探索阶段，存在许多亟待研究和解决的问题，例如，对人才集聚效应的研究虽然已有定量的分析，但人才集聚效应对经济、创新等的影响方向、机制和程度还有待进一步完善。

在区域创新方面，不同学者基于不同角度采用不同的方法对区域创新能力进行了研究。在赋予权重的过程中，有的采用主观赋权法，有的采用客观赋权法。在评价过程中，有的采用单一评价法，有的采用组合评价法等。在区域创新影响因素的研究过程中，主要从创新投入、社会资本、政府支持和金融发展等方面进行了研究，但就科技人才本身的集聚对其影响的研究还有待加强，此外在影响因素的研究中多以实证的研究为主，理论研究要弱于实证研究。

在人才集聚对区域创新产出的影响研究中，目前学者已展开研究，说明科技人才集聚对区域创新的影响已经不容忽视，但通过文献综述来看，还有以下不足需要深入展开研究：

首先，从对人才集聚本身概念来说，较多学者从人才集聚的规模出发，将人才的规模和人才集聚视为同等概念，这在研究科技人才集聚时容易产生偏差，需要对概念进行界定。

其次，从研究的过程视角，科技人才集聚对区域创新的影响作用还是以偏向实证为主，对科技人才集聚对区域创新产出有何影响方面，缺少理论上的机制分析和归纳推导。

最后，从研究的方法视角，学者主要采用 DEA 模型、随机前沿距离函数模型和双门槛模型等方法分析人才集聚对区域创新能力和效率的影响，使用的方法虽然较为丰富，但应用方法没有进行有机的整合，使证明该问题过于简单，需要在实证方法上给予深入分析和加强。

综上所述，尽管科技人才集聚对区域创新的研究取得了一些成果，但是仍从上述研究中发现了不足之处。如上文分析指出，多数学者的研究主要是从实证的视角分析两者的关系，理论分析较为薄弱，需要从理论层面对机制和作用给予补充和说明。并且在实证过程中，实证模型也没有进行有机的组合等。此外，目前我国科技人才集聚对区域创新产出影响的研究仍然较少，因此，无论是从理论还是从实证方面，充实科技人才集聚对区域创新产出的作用都是本书需要努力的方向。

第三章 我国人才集聚的发展历程和影响因素分析

第一节 中华人民共和国成立后我国人才集聚历程

一、20世纪70年代后期复位性人才集聚高潮

中华人民共和国成立后，我国长期将人才视为一种非经济性资源，由政府采用行政手段进行配置。这种以行政纵向授权进行人才配置并模糊人才产权、限制人才自由流动的做法，导致了人才资源的低效率配置。当人才资源配置出现低效率时，人才本身没有重新选择的权利，造成了人才利用的低效率和大量浪费。在20世纪70年代后期，由于复兴经济和社会事业的需要，特别是党和国家工作重心的转移，因"反右"、"文革"等多种非正常因素影响导致大量用非所学的人才，纷纷回到原单位或用学一致的地方。尤其是恢复高考制度，一方面使大批教师和科研人员到高校工作，以适应教学科研的新要求；另一方面大量工农兵学商身份的有一定才能的人，通过高考跨进大中专院校大门，找回了渴望享有的专业教育权利，形成一次大规模的复位性的人才集聚潮。1978年全国科技大会的召开，为蓬勃兴起的人才复位性集聚又注入了大的推动力。这一轮人才流动高潮，全面拉开了中国人才冲破"左"的政治束缚，适应党和国家工作重心转移到经济建设上来的序幕。这

是一次恢复性特征十分显著的人才集聚。

二、20 世纪 80 年代中后期开放性人才集聚高潮

伴随我国城市经济体制改革的展开，特别是沿海经济"特区"、开放"试验区"的成立，新的体制、机制和优惠政策打开了中国对外开放和对内开放的大门，同时也打开了中国人才在逐步开放的条件下，进行流动的思想空间和行动空间，一批又一批人才不断地涌向以深圳、珠海、厦门等地为代表的东南沿海地区，拉开了一幅至今令人感慨的"孔雀东南飞"的长长画卷。此间国家正式发文，鼓励人才流动，但文件也严格限定，流动必须"正向"，即从国企流向集体企业，从大城市流向中小城市，从内地流向边疆。1986 年，人才流动出现异常高峰，许多人不辞而别，有关部门不得不出台限制措施，但流动的闸门一经启开，就很难关闭了。城乡的人才结构在改革开放中发生变化，户籍管理制度一方面在政策性人才流动中开始松动，另一方面在"三不要"（不要户口、不要工资、不要关系）人才流动中受到冲击。1988～1989 年，中央鼓励知识分子从体制内到体制外，可以辞职、兼职、停薪留职，创办和领办乡镇企业，同时也支持三资企业的用人自主权。三资企业和乡镇企业等多种经济成分迅猛发展，加快了人才流动的速度。"辞职下海"、"解聘应聘"、"职工跳槽"这样的事越来越多，劳动力市场应运而生，政府人才中介机制开始建立，人才流动成了人力资源配置的一个重要渠道，同时改革用工制度、增强企业活力力度不断加大，新的人事制度在企业砸"三铁"的过程中开始建立。此阶段，人才流动虽然有一定的自发性、盲目性，但这一轮开放性的流动高潮席卷了整个中国，并波及世界，其影响是空前的。

三、20 世纪 90 年代中后期市场成长性人才集聚高潮

1992 年邓小平南方谈话后，山东省第一个以省委、省政府的名义向全国、全世界招聘人才。全国各地招贤聘能立即风起云涌，人才市场也如雨后春笋，纷纷诞生。几年时间，大、中专毕业生就业开始双向选择，深圳、北京、上海、广州几大人才服务中心空前火爆。

此阶段理论上开始确立社会主义市场经济体制，市场经济蓬勃发展。以前的政策所属的基本上是垄断性的人才中介组织发生质的变化，逐步成为人才市场主体；非公性质的人才中介机构从无到有、从点到面迅速壮大起来，其他民间人才中介非常活跃，真正意义上的人才市场体系部分建立，在人才流动、人才资源配置过程中的作用日益扩大，市场成长与人才流动交互作用、协调发展。此阶段，对外开放达到空前规模，对内改革搞活全面深入地推进。外资企业和国外研发机构在我国内"抢夺"人才，朗讯、IBM、摩托罗拉等跨国公司纷纷在我国设立研发机构，采用各种手段，比如"前程"+"钱图"、优厚科研经费+优越科研环境、尊重人的人性化管理+稳定的职业保障等措施吸引乃至"引诱"中国人才，利用中国的人才为其服务。民营企业更是把人才市场作为选择人才的主渠道，成为人才市场的最大需求主体。随着高校的迅速发展，人才生产规模不断扩大，增量人才到 90 年代后期基本上是通过人才市场择业，成为人才市场最大的供给主体。部分国有企业事业单位的人事制度改革，使存量人才移而不活局面得以打破，大量存量人才进入人才市场，进一步推动了人才供求主体的市场到位水平。此间的人才流动还更多表现在国有企业人才向外企、民企、合资企业流动，表现在经济落后地区向以北京、上海为中心的政治、经济、文化的核心圈和以大中城市为中心的政治、经济、文化的区域圈流动，实际上是历史的进步，是历史对于后进者的督促和鞭策。这种人才集聚是改革深入发展的必然结果，是市场机制透过人才的市场化流动对那些不能适应现代市场经济体制的用人单位的一种鞭策。

四、21 世纪以来国际性人才集聚高潮

中国人事科学研究院副院长、中国人事与人才科学研究所所长王通讯认为，加入世贸组织就是两个接轨，一个是跟市场经济接轨，另一个是跟国际惯例接轨，因此，市场国际化所引起的人才国际化是一个正常现象。中国人才市场真正融入世界人才市场，两个市场的互动与融合比以前变得更为直接，并且呈现出两大特点：①人才竞争已经开始融入全球竞争，国内竞争国际化，国际竞争国内化，国际人才本土化，本土人才国际化，趋势愈加明显；

②人才竞争的深度加大，人才流动导致人才大战，新一轮人才流动从基于制度与体制变革的流动转向了基于人才市场供求规律的流动。加入WTO，意味着包括人才流动在内将更加开放，原有体制性、政策性壁垒已经或正在被打破；原有保护性政策、法规，乃至办事程序将公之于众。具体到人才市场，将允许合资开办人才中介服务机构，开放中介服务市场；改革户籍管理制度，取消户籍制度对人才流动的限制；修订完善外国人来华就业政策，改革公民出入境的审批办法等。可见，没有人才的自由流动，就没有与国际接轨的人才市场，就不是有效、完全的社会主义市场经济。到2002年底，2300万经过严格挑选的中国人才涌向外资企业，由此引发中国人才大集聚的又一次高潮。与前三次不同，此次人才流动带有鲜明的国际化色彩，主要包括人才配置国际化，人才素质国际化，人才的教育、培养国际化，人才制度、人才政策国际化。

第二节　演化博弈下人才集聚机理

一、前提假设

成本—收益理论（Cost-Benefit Theory）产生于20世纪60年代，是研究人口集聚的重要理论。该理论中，舒尔茨（Thodore W. Schults, 1960）把人们的迁移行为当作一种投资行为看待，认为人们迁移行为的决策主要取决于其迁移成本和迁移收益的比较结果。当迁移收益大于迁移成本，即迁移会产生净收益时，人们就更倾向于迁移；反之，当迁移收益小于成本，则不会发生迁移。按照该理论，人口流动成本—收益决策模型的目标函数为劳动力流动净收益大于零，而且侧重考察物质收益与物质成本，可以将人口流动模型表达为式（3-1）所示：

$$NR_{a \to b} = \left(\sum_{i=1}^{n} R_{bi} - \sum_{j=1}^{m} C_{bj} \right) \tag{3-1}$$

其中，$NR_{a \to b}$表示劳动人口流动决策后的净收益；下标$a \to b$表示劳动人口从地区 a 流动到地区 b；R_{bi} 表示人口在流动前与流动后所获得的第 i 项物质收益；C_{bj} 表示人口流动前后物质成本；一般只有当 $NR_{a \to b} > 0$ 时，人口才选择外流。这一理论模型不仅适用于总人口和劳动力，也适用于劳动力中的人才和科技人才。

马斯洛需求层次理论是由美国心理学家亚伯拉罕·马斯洛 1943 年在《人类激励理论》一文中提出的。人类需求从低到高按层次分为五种，分别是：生理需求、安全需求、社交需求、尊重需求和自我实现需求。其中，前两个层次为基本物质需求，后三个层次为高级精神需求。该理论同时指出，只有当低一级的需求得到满足时才产生对更高一级的需求。

按照马斯洛的需求层次理论，人的需求有不同种类而且层次不同，在满足了前一个需求之后，就会产生新的更高层面的需求。从物质需求和精神需求的种类上看，越到高层次，人们对精神需求的需要就越大。人才代表着高素质，他们从两个方面会对精神方面需求产生更高的愿望：一方面是人才人力资本投入多，因此收入相应也比较高。有研究表明，在市场化的今天，物质需求的满足主要来源于货币收益，而随着市场机制作用的增强，中国教育回报率的总体趋势不断提高。因此在这种情况下，人才的基本生活和生理需求容易得到满足，更容易进入到马斯洛需求的高层次。另一方面，人才具有一定的知识与技能，能进行创造性劳动。因此除了有形的看得见的物质需求，还会有更多心理方面的追求或需求，劳动对于他们而言绝不仅仅是作为谋生的手段，他们力求充分发展自己的潜能和聪明才智，勇于创造，追求成长性和较大成就的需要，实现自己超越一般人的远大理想与抱负的愿望，成为所期望的人物。而且他们往往把这种精神层面的需求作为自己毕生的主导需要、作为奋斗的长期目标，而不局限于某一时段。由于人才受教育程度和劳动价值高的特点，决定了他们更有自主自尊意识，更希望得到他人尊重、认可自己的知识和创造的价值，特别是高层次人才的尊重需要比一般人更强烈。换句话说，获得人才比普通劳动力人口会因收入的提高而较早对基本物质需求满足进而产生对精神收益的需求。

为全面探究人才迁居的影响因素，将精神收益和精神成本一同纳入分析框架中。式（3-2）可进一步修改为：

$$NR_{a \to b} = \left(\sum_{i=1}^{n} R_{bi} + \sum_{x=1}^{k} R_{bx} - \sum_{j=1}^{m} C_{bj} - \sum_{y=1}^{s} C_{by} \right) \quad\quad (3-2)$$

其中，$NR_{a \to b}$、R_{bi}、C_{bj} 均与式（3-1）中的含义相同，R_{bx}、C_{by} 代表流动前后在第 x 项的精神收益和第 y 项精神成本。

演化博弈理论最初应用于行为生态学，是将博弈理论和生态理论结合而产生的一种新的博弈理论方法。它从有限理性的个体出发，以群体行为为研究对象，合理解释了生物行为的进化过程。20 世纪 70 年代后期，已经开始有经济学家将演化博弈理论引入经济学，分析经济规律；20 世纪 80 年代，演化博弈理论已经被经济学界所接受并广泛应用，并继续深化了演化博弈理论开始向非对称博弈理论发展。演化博弈理论在我国也已经相当成熟，并且在经济领域已经得到很广泛的应用。人才群体之间会存在类似于生物进化行为的互动特征。因此，用进化博弈理论的方法分析人才的集聚行为具有非常明显的现实意义。

二、企业间博弈的人才集聚分析

1. 模型构建

人才在区位选择和集聚时，根据本节的前提假设，工资收益是影响人才集聚的重要因素，作为有限理性的博弈方，必须考虑企业间工资的差异。同时，企业以利益最大化为目的，高工资与低工资对人才的激励不同所以收益的大小也不同，不同的收益企业会采取不同的激励措施。而企业间的激励程度除了受自身的影响以外还受其他企业的影响。因此企业的高工资激励与低工资支付是企业间相互反复博弈的结果。根据上文的假设，有两个地区，分别为地区 A 和地区 B。假设地区 A 的组织为 M、地区 B 的组织为 N 组织 M 中的人才有两种选择：留在 A 地或者流动到 B 地；组织 N 中的人才也有两种选择：留在 B 地或者到外地发展。

基于以上假设，在 A 地和 B 地，每个地方存在生产同种有竞争产品的企业分别为组织 M 和组织 N，工资的收益为决定人才选择组织的主要标准。人才在组织 M 和组织 N 中分别得到高工资 R_1 或低工资 R_2。当两个组织都采用高工资时，两个组织获得的收益均为 a；两个组织都实行低工资时，两个组织获得的收益均为 d；组织 M 实行高工资、组织 N 实行低工资时，两个组织的收益分别为 b 和 c；当组织 M 实行低工资、组织 N 实行高工资时，两个组织的收益分别为 c 和 b。组织 M 和组织 N 的博弈矩阵如表 3-1 所示：

表 3-1 企业支付矩阵

博弈矩阵		组织 N	
		高工资	低工资
组织 M	高工资	a; a	b; c
	低工资	c; b	d; d

假设最开始组织 M 对人才实行高工资的概率为 x，实行低工资的概率为 1-x；组织 N 对人才实行高工资的概率为 y，实行低工资的概率为 1-y。由演化博弈理论可知，对组织 M 来说，实行高工资和低工资的平均收益分别为：

$$R(M1)=ya+(1-y)b \tag{3-3}$$

$$R(M2)=yc+(1-y)d \tag{3-4}$$

由此可得出组织 M 的期望收益为：

$$\overline{R}(M)=x[ya+(1-y)b]+(1-x)[yc+(1-y)d] \tag{3-5}$$

从而，组织 M 人才流动的复制动态方程为：

$$\frac{d_x}{d_t}=x(R(M1)-\overline{R}(M))=x(1-x)[(a-b-c+d)y+b-d] \tag{3-6}$$

组织 N 的人才流动复制动态方程为：

$$\frac{d_y}{d_t}=x(R(N2)-\overline{R}(N))=y(1-y)[(a-b-c+d)x+b-d] \tag{3-7}$$

因为 x 和 y 分别代表组织 M 和组织 N 实行高工资的比例，所以 $0 \leqslant x \leqslant 1$ 且 $0 \leqslant y \leqslant 1$。因此本章会在平面域 $K=\{(x, y) \mid 0 \leqslant x, y \leqslant 1\}$ 内讨论系统的稳定性。通常情况下，可以运用雅可比矩阵来分析复制动态方程的局部均衡点及其稳定性，方程（3-6）和方程（3-7）的雅可比矩阵为：

$$J=\begin{matrix}(1-2x)[y(a-b-c+d)+b-d] & x(1-x)(a-b-c+d) \\ y(1-y)(a-b-c+d)(1-2y) & (1-2y)[(a-b-c+d)x+b-d]\end{matrix} \tag{3-8}$$

令方程（3-6）和方程（3-7）同时成立的点有 5 个，分别是 E1（0，0），E2（0，1），E3（1，0），E4（1，1），$E5\left(\dfrac{d-b}{a-c+d-b}, \dfrac{d-b}{a-c+d-b}\right)$。当对应的雅可比矩阵行列式大于零、雅可比矩阵行列式的迹小于零，相应的平衡点是稳定点；当雅可比矩阵行列式大于零、雅可比矩阵行列式的迹大于零，相应的平衡点是不稳定点；当雅可比矩阵行列式小于零、雅可比矩阵行列式的迹等于零，相应的平衡点为鞍点。行列式的值与迹如表 3-2 所示。

表 3-2 雅可比行列式的值与迹

平衡点	雅可比行列式的值	行列式的迹
E1（0，0）	$(b-d)^2$	$2(b-d)$
E2（0，1）	$(d-b)(a-c)$	$(a-c)+(d-b)$
E3（1，0）	$(d-b)(a-c)$	$(a-c)+(d-b)$
E4（1，1）	$(a-c)^2$	$2(a-c)$
$E5\left(\dfrac{d-b}{a-c+d-b}, \dfrac{d-b}{a-c+d-b}\right)$	$-\dfrac{(a-c)^2(d-b)^2}{(a-c+d-b)^2}$	0

2. 模型分析

当 a<c，b<d 时，只有平衡点 E1（0，0）行列式的值大于 0，行列式的迹 2（b-d）小于 0 为唯一的演化平衡策略点。E2（0，1）和 E3（1，0）两点的稳定性无法确定。$E5\left(\dfrac{d-b}{a-c+d-b}, \dfrac{d-b}{a-c+d-b}\right)$ 为鞍点。说明无论组织 M 是否给予高工资，组织 N 选择给予人才低工资的收益总是大于高工资支付的收益。这种情况下组织 M 也适用。经过组织 M 和组织 N 不断博弈，双方不断地学习调整，最后的结果是有限理性的双方均趋向于低工资的人才雇用水平。

当 a<c，b>d 时，平衡点 E2（0，1）和 E3（1，0）都是演化稳定策略，E1（0，0）和 E4（1，1）是不稳定点，$E5\left(\dfrac{d-b}{a-c+d-b}, \dfrac{d-b}{a-c+d-b}\right)$ 为鞍点。说明当组织 M 或组织 N 支付高工资而博弈的另一方支付低工资时，支付高工资组织的收益要大于支付低工资组织的收益；即使支付低工资的组织将工资支付调整为高工资，其调整后的组织收益仍将小于原来低工资时的收益。
该组织并不会从高工资的激励中获得收益。这强调了先发优势的存在。最终
博弈的结果是一方采用高工资的策略，而另一方采用低工资的策略。其中最
终稳定点归于平衡点 E2（0，1）还是 E3（1，0），取决于最初的支付比例。
如图 3-1 所示，当初始的支付比例落在 I 区域时，最终的稳定点归于点 E2
（0，1）。当最初的支付比例在 IV 区域时，最终的稳定点归于平衡点 E3
（1，0）。当最初的支付比例在 II 区域和 III 区域时，最终将趋于不稳定状态。

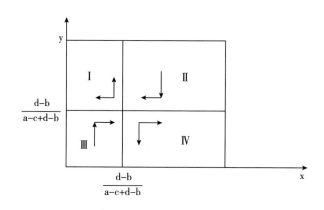

图 3-1　企业支付演化趋势

当 a>c，b>d 时，点 E4（1，1）是唯一的演化均衡点，E2（0，1）和 E3
（1，0）的稳定性无法确定，E1（0，0）为不稳定点。E5$\left(\dfrac{d-b}{a-c+d-b},\right.$
$\left.\dfrac{d-b}{a-c+d-b}\right)$ 为鞍点。说明无论组织 M 还是组织 N 是否采取高工资的激励措
施，博弈的另一方采取高工资的激励措施时，其收益总是要大于低工资的收
益。经过不断的学习调整，双方最后博弈的结果是都采取高工资激励的措施。

当 a>c，b<d 时，平衡点 E1（0，0）和 E4（1，1）都是稳定点。
E2（0，1）和 E3（1，0）是不稳定点，E5$\left(\dfrac{d-b}{a-c+d-b},\ \dfrac{d-b}{a-c+d-b}\right)$为鞍点。说
明组织 M 和组织 N 同时进行高工资激励或者低工资支付时的收益要比一方采

用高工资激励而另一方采用低工资支付的要高，这说明了组织 M 和组织 N 同步行动的重要性。双方经过不断地博弈、学习和调整，博弈的结果为双方要么同时采用高工资的激励制度，要么采用低工资的支付制度。最终的支付平衡点取决于最初的支付比例，如图 3-2 所示，当最初的支付比例在区域 I 和区域Ⅳ时，最终的支付状态趋于不稳定；当初始的支付比例在区域Ⅱ时，最终的稳定点为平衡点 E4（1，1）；当最初的支付比例在区域Ⅲ时，最终的稳定点为平衡点 E1（0，0）。

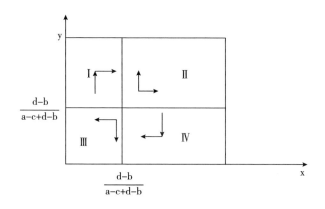

图 3-2　企业支付演化趋势

根据上述分析可知，单从组织工资激励角度分析人才集聚的原因，在组织收益最大化的前提下，双方博弈对人才集聚的影响会因为行业或者组织发展的情况而异。当产品处于成熟阶段，高工资对人才的激励并不会使组织获得较高的收益，反而会降低组织的收益，长期来看，组织会将工资置于低水平，此时无法形成人才集聚。相反，如果产品处于发展期，市场需求较大，高工资的激励能够使博弈双方的组织获得较高的收益，最终的博弈结果为博弈双方都会采取高工资激励的支付方式。如果产品的收益需要企业相互协作才能获得高收益，此时企业会根据实际的收益情况，同时进行高工资激励或者低工资支付。此时也无法形成人才集聚。如果市场有限，在一开始支付高工资的企业能够迅速占领市场并且取得较高收益，后进入的企业无论是高工资激励还是低工资支付都无法获得较高收益，那么最终博弈的结果为先采用高工资激励的企业会一直高工资激励，而后进入的企业会选择低工资。此时会形成人才向高工资激励的企业集聚。

三、人才间博弈的人才集聚分析

1. 模型构建

人才在区位选择和集聚时，除了考虑工资收益外，作为有限理性的博弈方，还要基于其他因素的。而人才从一个地方流向另一个地方，可以看作是流入方与流出方两大人才群体之间随机配对反复博弈的过程。根据上文的假设，有两个地区，分别为地区 A 和地区 B。假设地区 A 的人才为博弈方 1、地区 B 的人才为博弈方 2，博弈方 1 有两种选择，留在 A 地或者集聚到 B 地；博弈方 2 也有两种选择，留在 B 地或者到外地发展。

为简化分析，假设 A 地和 B 地的初始环境相同，包括创新环境和社会环境；两地的工资收益相同，均为 S；流动成本为 C；流动后人才会获得企业的补贴费用为 F。B 地人才流动到外地的最高收益为 R。如果 A 地人才集聚到 B 地，B 地人才也会选择在 B 地工作，人才倾向于流动，那么人才流动而产生的知识溢出效应为 H。由于人才流动而产生的娱乐效应为 G，然而娱乐效应会随着集聚的增加成倒"U"形，即先增加后变小并逐渐为负。

地区 A 和地区 B 人才的流动分析如表 3-3 所示：

表 3-3　人才留下与流出的博弈分析

博弈矩阵		博弈方 2	
		留下	流出
博弈方 1	流出	S-C+F+H+G；S+H+G	S-C+F；-C+R
	留下	S；S	S；-C+R

假设博弈方 1，即 A 地的人才选择流出 B 地的比例为 x，留下的人才比例为 1-x；博弈方 2 选择留下的人才比例为 y，流出的比例为 1-y。根据以上假设，博弈方 1 选择流出和留下的期望收益分别为：

$$U(A1)=y(S-C+F+H+G)+(1-y)(S-C+F) \tag{3-9}$$

$$U(A2)=S \tag{3-10}$$

$$\overline{U}(A)=x[y(S-C+F+H+G)+(1-y)(S-C+F)]+(1-x)S \tag{3-11}$$

由此可以得出 A 地人才流动的复制动态方程为：

$$\frac{d_x}{d_t}=x(U(A1)-\overline{U}(A))=x(1-x)[-C+F+y(G+H)] \tag{3-12}$$

同理可得 B 地人才流动的复制动态方程：

$$\frac{d_y}{d_t}=y(U(B1)-\overline{U}(B))=y(1-y)[S+C-R+x(G+H)] \tag{3-13}$$

因为 x 和 y 分别代表组织 M 和组织 N 实行高工资的比例，所以 $0 \leqslant x \leqslant 1$ 且 $0 \leqslant y \leqslant 1$。因此本章会在平面域 $K=\{(x,y)\mid 0 \leqslant x, y \leqslant 1\}$ 内讨论系统的稳定性。通常情况下，可以运用雅可比矩阵来分析复制动态方程的局部均衡点及其稳定性，式（3-12）和式（3-13）的雅可比矩阵为：

$$J=\begin{matrix} (1-2x)[-C+F+y(G+H)] & x(1-x)(G+H) \\ y(1-y)(G+H) & (1-2y)[S+C-R+x(G+H)] \end{matrix} \tag{3-14}$$

令方程（3-12）和方程（3-13）同时成立的点有 5 个，分别是 E1 = (0, 0)，E2 = (0, 1)，E3 = (1, 0)，E4 = (1, 1)，$E5=\left(\dfrac{R-S-C}{G+H},\dfrac{C-F}{G+H}\right)$。同样，根据雅可比行列式的值和迹的大小对均衡点的稳定性进行判断。当对应的雅可比矩阵行列式大于零、雅可比矩阵行列式的迹小于零，相应的平衡点是稳定点；当雅可比矩阵行列式大于零、雅可比矩阵行列式的迹大于零，相应的平衡点是不稳定点；当雅可比矩阵行列式小于零、雅可比矩阵行列式的迹等于零，相应的平衡点为鞍点。行列式的值与迹如表3-4所示：

表3-4 雅可比行列式的值与迹

平衡点	雅可比行列式的值	行列式的迹
E1(0、0)	(-C+F)(S+C-R)	(-C+F)+(S+C-R)
E2(0、1)	(-C+F+G+H)(R-C-S)	(-C+F+G+H)+(R-C+S)
E3(1、0)	(C-F)(S+C-R+G+H)	(C-F)+(S+C-R+G+H)

平衡点	雅可比行列式的值	行列式的迹
E4(1、1)	$(C-F-G-H)(R-S-C-G-H)$	$(C-F-G-H)+(R-S-C-G-H)$
$E5\left(\dfrac{R-S-C}{G+H} \text{、} \dfrac{C-F}{G+H}\right)$	$-\dfrac{(G+H-R-S-C)(C-F)(G+H-C+F)}{(G+H)^2}$	0

2. 模型分析

当 F<C<F+G+H，S+C<R<S+C+G+H 时，也就是说，当 A 地人才流出到 B 地的成本比有形的收益即企业的补贴要高，但比有形的收益加上无形的收益要低。对于 B 地人才来说，流出到外地的收益比流动的成本和本地收益要高，但比人才流动后的收益要低。此时平衡点 E1（0，0）和 E4（1，1）为稳定点，E2（0，1）和 E3（1，0）为不稳定点。说明博弈方 1 和博弈方 2 同时采取相同措施的重要性。只有双方同时采取留守本地措施或者 A 地人才集聚到 B 地而 B 地人才留守时，为博弈均衡策略。最终的人才集聚情况取决于 A 地和 B 地最初的集聚比例：当 A 地最初的人才流动比例和 B 地最初的人才留守比例在区域Ⅰ和区域Ⅳ时，最终人才的流动将趋于不确定；当 A 地最初的人才流动比例和 B 地最初的人才留守比例在区域Ⅱ时，最终的人才流动稳定点为 E4（1，1）；当 A 地最初的人才流动比例和 B 地最初的人才留守比例在区域Ⅲ时，最终的人才流动稳点为 E1（0，0）。

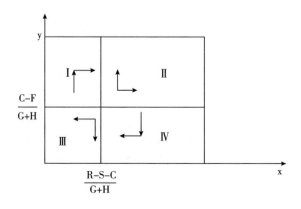

图3-3 人才集聚演化图

当 C>F+G+H，R>S+C+G+H 时，点 E1 为唯一稳定点，E2（0，1）、E3（1，0）、E4（1，1）为不稳定点，E5$\left(\dfrac{R-S-C}{G+H}, \dfrac{C-F}{G+H}\right)$为鞍点。也就是说，A 地人才集聚的成本大于集聚到 B 地后的有形收益与无形收益之和。同时 B 地人才集聚后的收益大于 A 地集聚成本与当下收益之和，此时的博弈策略为 A 地人才选择留守，B 地人才选择离开。

当 C>F+G+H，R<C+S 时，也就是说，A 地人才流出的成本比补贴的收益和流动后产生无形效益的总和还要高，而 B 地人才流出的收益则小于流出的成本与当下的收入之和。此时，E2（0，1）为唯一均衡点，E1、E3、E4 为不稳定点，E5 为鞍点。说明博弈的均衡策略为 A 地的人才全部选择留守，B 地的人才也全部会选择留守。

当 F<C<F+G+H，R>S+C+G+H 时，也就是说，A 地人才的流动成本比企业补贴的收益高，但小于人才流动后的收益。而 B 地人才流出后的收益大于当下的收益和人才流动后无形成本之和。此时 E1 为唯一均衡点，经过不断地博弈和学习，最终的均衡策略为 A 地区的人才选择留守，而 B 地区的人才选择流出。

当 C<F，R>S+C+G+H 时，也就是说，A 地人才流出的成本大于流入到 B 地后的补贴，而 B 地人才流出后的收益大于人才在本地的收益与流动后的人才之和。此时均衡点为 E3（1、0），也就是说，A 地人才会全部流出到 B 地的成本小于企业给予的补贴，而 B 地人才流出的收益会大于现在的收入与流出成本和集聚的收益三者之和，此时均衡策略为 A 地人才向 B 地集聚，而 B 地人才全部流出。

当 F<C<F+G+H，R<S+C 时，也就是说，A 地人才流出到 B 地的成本介于补贴收益和补贴与无形收益的总和之间，而 B 地人才流出的收益小于流出成本与当地收益成本之和。此时点 E4 为稳定点，其他点为不稳定点，E5 为鞍点。此时双方经过博弈和学习，最终的平衡策略为 A 地人才流出到 B 地，B 地人才选择留守策略，最终人才都集聚于 B 地。

当 C<F，S+C<R<S+C+G+H 时，也就是说，A 地人才集聚到 B 地的成本小于在 B 地得到的补贴，B 地人才流出后的收益大于本地获得的收益与集聚

成本的总和但小于人才聚集后有形成本与无形成本之和。此时唯一的稳定均衡点为 E4，其他点为不稳定点，E5 为鞍点。此时双方经过博弈和学习，最终的平衡策略为 A 地人才流出到 B 地，B 地人才选择留守策略，最终人才都集聚于 B 地。

当 C>F+G+H，S+C<R<S+C+G+H 时，也就是说，A 地人才流出的成本比补贴的收益和集聚后产生无形效益的总和还要高，B 地人才流出后的收益大于本地获得的收益与集聚成本的总和但小于人才聚集后有形成本与无形成本之和。此时唯一的均衡点为 E4，其他点为不稳定点，E5 为鞍点。此时双方经过博弈和学习，最终的平衡策略为 A 地人才流出到 B 地，B 地人才选择留守策略，最终人才都流向于 B 地。

当 C<F，R<S+C 时，也就是说，A 地人才集聚到 B 地的成本小于在 B 地得到的补贴，而 B 地人才流出的收益小于流出成本与当地收益成本之和。此时唯一的稳定均衡点为 E4，其他点为不稳定点，E5 为鞍点。此时双方经过博弈和学习，最终的平衡策略为 A 地人才流出到 B 地，B 地人才选择留守策略，最终人才都流向于 B 地。

第三节 人才集聚的实证分析

一、模型构建

首先根据以上假设和演化博弈分析，本节构造人才集聚的决策机制，人才集聚是人才迁居流动的结果，如图 3-4 所示，人才迁居主要受到迁移收益和成本两者对比的影响，根据利用马斯洛需求理论修正后的成本—收益理论和演化博弈论可知，收益和成本分别为物质收益、精神收益、物质成本和精神成本。此外，也有大量的研究表明，除成本收益外，迁居还受个体特征（何洁，2014）和区域特征（童玉芬、刘晖，2018）的影响，为此需将这些因素同时纳入分析中。

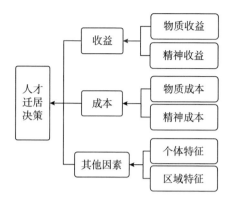

图 3-4 我国人才迁居决策机制图

为保证变量的准确性本节变量涉及微观和宏观两个层面的因素，因此采用两个层面的多层线性模型。多层线性模型（Hierarchical Linear Models，HLM）是针对经典统计技术在处理具有多层结构的数据时所存在的局限，以及可能产生的对分析结果的曲解而提出的，它适用于多层数据结构的分析，将不同地区的宏观变量纳入模型中。具体而言，两层线性模型设计如下：

第一层（个体层次模型）：

$$Y_{ij} = \beta_{0j} + \beta_{1j}X_{1ij} + \beta_{2ij}X_{2ij} + r_{ij}$$

其中，Y_{ij} 表示人才的居留意愿；X_{1ij} 表示精神收益的核心变量；X_{2ij} 表示其他微观控制变量，主要由个人特征、精神成本和货币收益组成；r_{ij} 表示误差项。

第二层（城市层次模型）：

$$\beta_{0j} = r_{00} + r_{01}W_{1j} + r_{02}W_{2j} + r_{03}W_{3j} + r_{04}W_{4j} + u_{0j}, \quad \beta_{1j} = r_{10} + u_{1j}, \quad \beta_{2j} = r_{20} + u_{2j}$$

其中，β_{0j} 表示第一层模型的截距项，β_{1j} 和 β_{2j} 表示精神收益和控制变量在第二层模型的随机效应，W_{1j}、W_{2j}、W_{3j} 和 W_{4j} 分别代表经济发展水平、产业结构、科技研发环境和工资水平四个变量。

二、数据来源与变量选择

本节使用的数据为中山大学社会科学调查中心在 2014 年和 2016 年实施的

"中国劳动力动态调查"项目（China Labor-force Dynamics Survey，CLDS）。本调查覆盖中国 29 个省市，样本规模为 401 个村庄、14214 户家庭，23594 个个体、样本具有全国代表性。CLDS 以 15～64 岁的劳动年龄人口为对象，以劳动力的教育、就业、劳动权益、职业流动、职业保护与健康、职业满足感和幸福感等的现状和变迁为核心。同时对劳动力所在社区的政治、经济、社会发展、对劳动力所在家庭的人口结构、家庭财产与收入、家庭消费、家庭捐赠、农村家庭生产和土地等众多议题开展。

由于微观数据并没有统计科技人才这一指标，本节的人才是以大专及以上学历为标准的人才分析，以此来代替科技人才，户口不在本地为流动人口。在 2014 年和 2016 年两期调查中，经过筛选得到样本数量为 1166。

在人才迁居因变量构造方面，利用 CLDS 问卷中关于"未来是否定居本地"作为迁居变量。其中"非常可能"赋值为 5，"比较可能"赋值为 4，"不确定"赋值为 3，"比较不可能"赋值为 2，"非常不可能"赋值为 1。

精神收益分别从生活满意度和工作价值加以衡量，涉及两个核心变量。生活满意度为问卷中"总的来说，您对您的生活状况感到满意吗"作为生活精神收益的代理变量。其中"非常不满意"赋值为 1，"不满意"赋值为 2，"一般"赋值为 3，"满意"赋值为 4，"非常满意"赋值为 5。另一个核心变量为工作价值。从工作中获得尊重、兴趣和自我实现三个维度代表工作价值，在问卷中的题目分别为"目前/最后一份工作的意义或价值——获得尊重""目前/最后一份工作的意义或价值——兴趣""目前/最后一份工作的意义或价值—发挥能力"作为工作精神收益的代理变量。其中"非常不符合"赋值为 1，"不符合"赋值为 2，"一般"赋值为 3，"符合"赋值为 4，"非常符合"赋值为 5。为避免多重共线性，工作价值的最终评价为三个维度的均值。

为避免遗漏其他影响迁居的重要变量，根据上述理论分析，本书在模型中加入了物质收益、物质成本、精神成本、个人特征和区域特征等控制变量。

在具体的变量选择上，物质收益一般指工资收益和单位或国家提供的各种福利。在人口迁移中，常采用直接货币化的个人、家庭月收入或总收入和间接货币化的社会保障数、是否参加社会保险等二分类变量作为物质收益的代理变量。本书鉴于个人与家庭收入有较强相关关系，为避免变量选取重复，同时兼顾间接货币化的影响，选取 2013 年或 2015 年的个人总收入和参保项目数作为物质收益变量。

迁居的物质成本变量通常选取因居留而产生的各种消费支出，包括食品支出、住宿支出、月度支出和年度支出等费用。同时有学者提出房价对迁居的重要性，但在微观上没有考虑不同收入群体对房价承受能力的不同，因此本文构造居住地的房价压力指数（居住地的房屋价格与平均月收入的比值）。同时为避免变量重复，选取 2013 年或 2015 年度消费的总支出作为物质成本的代理变量。

除以上物质因素外，流动距离、自我本地认同得分和当地语言水平也是学者认为影响迁居的重要因素。后两项通常作为社会融入度的代理变量并将其归为社会特征或阻力因素中。从成本收益角度三者实际是因迁居而产生的适应当地生活的精神成本，另外相比自我本地认同的主观判断，当地语言水平更能客观表达社会认同属性，所以本节选取流动距离和当地语言水平作为精神成本的代理变量。

个人特征方面包括被访者的年龄、年龄的平方、性别、婚姻状况、健康状况（自评）、政治面貌等变量，另外有学者得出随迁家庭数量对迁居的影响显著，因此将其一并纳入个人特征中；区域特征变量根据前文论述对人才迁居的影响因素，广义上为所在地城市类别的虚拟变量，在后续的分析中地区特征用经济发展水平、科技研发环境、工资水平、产业结构四个变量来表示。具体变量取值如表 3-5 所示：

表 3-5　变量的描述性统计

		变量名	代表问题	均值	标准差
因变量	因变量	迁居意愿	未来是否可能定居本地？非常不可能=1、比较不可能=2、不确定=3、比较可能=4、非常可能=5	4.133	1.1867
物质因素	物质收益	年收入	2013 年或 2015 年被访者总收入（元）	65484.2	104072.4
		参保项目数	是否有单位养老保险/是否有城镇职工基本养老保险/是否有单位补充医疗保险等	2.94	3.12

续表

		变量名	代表问题	均值	标准差
物质因素	物质成本	现居住地的房价压力	现居住地的房屋价格与平均月收入的比值	4.834	16.141
		年支出	2013 或 2015 年家庭的消费总支出是多少（元）	68960.66	70892.67
精神因素	精神收益	工作价值	目前/最后一份工作的意义或价值——获得尊重、兴趣、发挥自己的能力？非常不符合＝1，比较不符合＝2，无所谓＝3，比较符合＝4，非常符合＝5	3.675	0.8886
		生活满意度	总的来说，您对您的生活状况感到满意吗？非常不满意＝1，不满意＝2，一般＝3，满意＝4，非常满意＝5	3.822	0.8787
	精神成本	流动距离	省内流动＝0，省外流动＝1	0.588	0.492
		当地语言水平	被访者的本地方言水平、根本不会＝1，听懂一部分＝2，勉强能听懂＝3，会说一点＝4，流利地使用＝5	4.2612	1.2305
个人特征	个人特征	年龄	被访者的出生年	34.231	10.8212
		性别（参照：女）	被访者性别：女＝0，男＝1	0.488	0.5000
		健康状况	目前健康状况自评：非常不健康＝1，比较不健康＝2，一般＝3，健康＝4，非常健康＝5	4.045	0.7970
		政治面貌（参照非党员）	被访者政治面貌：党员＝1，非党员＝0	0.21	0.4394
		婚姻（参照：未婚）	被访者婚姻状况：未婚＝0，其他＝1	0.695	0.4562
		家庭随迁人数	家庭成员数量（同住成员）	2.928	1.383
区域特征	区域特征	经济发展水平	人均 GDP	104404.5	78613.18
		科技研发环境	人均研发经费	292.23	307.73
		工资水平	职工平均工资	59048.3	20079.17
		产业结构	第三产业与第二产业比值	1.247	0.720

注：宏观控制变量数据来自 2014 年和 2016 年《城市统计年鉴》，以 2014 年为基期。

需要指出的是，为简化模型便于分析，将赋值的 1~5 直接纳入模型之中。此种假设的含义为，需求或其他赋值的自变量每升高一个等级，其对因变量的影响程度相同。

在居留意愿方面，居留意愿的均值为 4.133，说明人才迁移后的居留意愿较为强烈。在核心变量工作价值中，均值为 3.675，表明工作价值在人才中较为看重，而另一个核心变量生活满意度的均值为 3.822，略高于工作价值的均值。在控制变量中，人才的平均年龄为 34.231。在男女性别比中，51.2%为男性，48.8%为女性，男性多出女性 2.4%。在政治面貌中，党员的比重为 26.1%。另外，人才省内流动的比重为 41.2%，省际流动的比重为58.8%。人才的年总收入均值为 65484.2 元，由此构造的现居地的房价压力均值为 4.834，其他因素具体数值如表 3-5 所示。

三、结果分析

为进一步探求人才迁居的影响因素，本节分为三个部分：第一部分以人才和普通劳动人口的迁居意愿为因变量、以精神收益中工作价值和生活满意度为核心自变量，同时将其他控制变量纳入模型，利用多分类回归模型分析精神收益在人才迁居中的作用。第二部分将人才按城市类别和性别划分，改用分层线性模型分析精神收益对迁居意愿的异质性。第三部分利用滞后一期的精神收益变量进行回归，对前文回归结果的内生性和稳健性进行检验。

（一）总体人才迁居的实证检验

由于迁居意愿的因变量为多分类变量，因此表 3-6 利用多分类回归分析通过标准化的变量分析精神收益对人才的迁居意愿影响，同时将普通劳动人口作为对照组进行分析。

表 3-6　人才迁居意愿影响因素的 Ologit 回归分析（标准化）

变量名	人才		普通劳动人口（对照）	
	系数	标准误	系数	标准误
工作价值	0.170**	(0.0804)	0.059	(0.0390)
生活满意度	0.164**	(0.0731)	0.060***	(0.0350)

续表

变量名	人才		普通劳动人口（对照）	
	系数	标准误	系数	标准误
工作价值收益×生活满意度	0.067**	（0.0316）	−0.013	（0.0320）
年龄	0.0247	（0.0508）	0.051	（0.2778）
年龄的平方	−0.000145	（0.000621）	−0.0008***	（0.0003）
性别	−0.212*	（0.125）	−0.365***	（0.0977）
婚姻状况	0.466	（0.479）	0.263	（0.193）
政治面貌	0.004	（0.0103）	0.002	（0.023）
健康状况	−0.0414	（0.0808）	−0.039	（0.403）
家庭随迁人数	0.053**	（0.024）	0.033*	（0.0186）
参保项目数	0.354**	（0.176）	0.164*	（0.565）
年收入	0.405***	（0.0175）	0.205***	（0.0773）
年支出	0.0724	（0.069）	−0.067	（0.095）
城市类别（参照：中小城市）				
副省级城市	0.735***	（0.1442）	−0.179**	（0.0729）
特大城市	0.444**	（0.166）	−0.207**	（0.0830）
流动距离	−0.607***	（0.139）	−1.144***	（0.361）
居住地房价压力	−1.067**	（0.543）	−2.123**	（0.932）
当地语言水平	0.382***	（0.0505）	0.180***	（0.0336）
观察值	1158		3729	
LR chi2	194.68		152.68	
Prob>chi2	0.0000		0.0000	
Pseudo R^2	0.0704		0.0188	
Log likelihood	−1285.4518		−3976.9045	

注：*、**、***分别表示在10%、5%、1%的水平上显著，括号数值为标准误。

人才和普通劳动人口均利用2014年、2016年人才迁居数据在控制年龄、性别、婚姻、年收入以及城市类别等特征后，工作价值和生活满意度在人才回归中依然为正，并且均在5%的水平上显著。说明人才中精神收益开始对人才迁居产生影响。此外，由于将变量标准化，因此可以将变量间的系数进行比较，评价各因素对人才迁居的重要性。通过比较年收入、参保项目数和工作价值、生活满意度可知，标准化后的年收入和参保项目数每提高一个标准单位居留意愿提高一个等级的概率分别为 0.405 和 0.354；而工作价值和生活满意度增加一个标准单位居留意愿提高一个等级的概率分别增加 0.170 和 0.164，均小于物质收益的系数。另外，两者的交互项同样比物质收益的重要性低。由此可得，虽然精神收益对迁居产生影响，但其作用仍然小于物质收益。

另外，通过将普通劳动人口的迁居行为作为对照组可知，精神收益中的工作价值对普通劳动人口的迁居并不起作用，生活满意度对人才的迁居的系数仅为 0.06，并且在 1% 的水平上显著。这说明精神收益在普通劳动人口的作用小于在人才中的作用。

（二）精神收益对人才迁居影响的异质性

为进一步分析精神收益在人才迁居中的作用，在上述对总体样本分析的基础上，将样本按城市类别和性别进行分组，并利用多层线性模型再次对人才的迁居异质性进行分析。

表 3-7 为精神收益在分样本情况下人才迁居影响的多层线性回归结果，在以城市类型分类的子样本中，副省级及以上城市的精神收益的系数分别为 0.185 和 0.274，并且在 1% 的水平上显著；在中小城市精神收益的系数为 0.073 和 0.099，分别在 10% 和 5% 的水平上显著，但在中小城市中工作价值和生活满意度的系数均小于副省级及以上的系数，表明精神收益在副省级及以上城市对人才迁居的作用均大于中小城市。同样在以性别为分组的子样本中，男性的精神收益的系数分别为 0.219 和 0.105，并且分别在 1% 和 5% 的水平上显著；女性的精神收益的系数分别为 0.017 和 0.051，只有生活满意度在 10% 的水平上显著。另外，在女性中工作价值和生活满意度的系数均小于男性精神收益的系数，表明精神收益在男性中对人才迁居的作用均大于女性。

表 3-7　人才迁居意愿影响因素的多层线性回归分析

变量名	副省级及以上城市		中小城市		男性		女性	
微观层面								
工作价值	0.274***	(0.039)	0.099**	(0.047)	0.219***	(0.053)	0.017	(0.049)
生活满意度	0.185***	(0.044)	0.073*	(0.042)	0.105**	(0.049)	0.051*	(0.029)

续表

变量名	副省级及以上城市		中小城市		男性		女性	
微观层面								
工作价值×生活满意度	0.136**	(0.069)	0.042*	(0.025)	0.094**	(0.047)	0.033	(0.041)
年龄	0.034	(0.054)	0.013	(0.032)	0.007**	(0.036)	0.002	(0.040)
年龄的平方	−0.00010*	(0.0006)	−0.00061	(0.085)	−0.0009**	(0.0004)	−0.0006	(0.0004)
性别	−0.214*	(0.125)	−0.012	(0.052)	—	—	—	—
婚姻状况	0.513	(0.436)	0.335**	(0.169)	0.076	(0.133)	0.394***	(0.145)
政治面貌	0.087	(0.074)	0.053	(0.043)	0.244	0.201	0.060	(0.107)
健康状况	0.097**	(0.043)	−0.062	(0.075)	−0.030	0.060	−0.042	(0.058)
家庭随迁人数	0.025**	(0.013)	0.076**	(0.039)	0.053***	(0.09)	0.036**	(0.021)
参保项目数	0.003***	(0.001)	0.009**	(0.004)	0.004**	(0.002)	0.006***	(0.001)
年收入	1.521***	(0.013)	0.925***	(0.012)	0.916***	(0.116)	0.855***	(0.074)
年支出	0.915*	(0.515)	0.634	(0.662)	1.034	(0.888)	0.846	(0.947)
流动距离	−0.524***	(0.140)	−0.621**	(0.126)	−0.386***	(0.111)	−0.34***	(0.106)
房价压力	−1.133**	(0.442)	−0.854**	(0.401)	−0.152***	(0.032)	−0.090	(0.078)
当地语言水平	0.103	(0.091)	0.564***	(0.051)	0.239***	(0.039)	0.193***	(0.041)
宏观层面								
经济发展水平	0.880	(0.601)	0.761**	(0.311)	0.097*	(0.058)	0.237*	(0.134)
产业结构	0.193	(0.189)	0.094	(0.144)	0.005	(0.005)	0.004	(0.006)
科技研发环境	0.649**	(0.282)	0.449	(0.324)	0.101*	(0.053)	0.034	(0.048)
工资水平	1.79**	(0.824)	0.577	(0.462)	1.014**	(0.049)	0.755	(0.954)
观察值	543		623		585		581	
Wald chi2	100.46		157.16		144.33		109.45	
Log likelihood	−827.858		−864.163		−844.629		−877.902	

注：*、**、***分别表示在10%、5%、1%的水平上显著，括号数值为标准误。

对于以上结果，本章认为这主要是人才本身的特点决定。在副省级及以上城市中，城市规模较大、城市功能更为齐全，但同时也面临更高的居留成本，因此只有较高的精神收益才能弥补高居留成本的弊端。而在中小城市，由于城市的功能没有大城市完善，因此精神收益对人才的迁居作用会弱于大城市。最后表3-7中的工作价值和生活收益交叉项对人才迁居同样存在正向影响，说明精神收益的各方面存在相互促进作用，这也部分解释了为什么副省级及以上城市的精神收益均大于中小城市的原因。在性别的子样本中，可能的解释为男性更看重事业的价值，认为"立业"是男性应有的属性，其中"立业"的属性包含收入和工作精神收益的价值。而女性对事业的价值追求小于男性。

除本章关心的精神收益外，其他控制变量也能在一定程度上解释迁居的原因。在微观层面上，对各子样本均显著的变量有参保项目数、年收入、流动距离、居住地房价压力和家庭随迁人数。其中，参保项目数、年收入和家庭随迁人数系数均为正，说明对人才迁居有正向作用；而流动距离和居住地房价压力系数为负，说明对人才迁居有负向作用。除此之外，年龄、年龄的平方、婚姻状况、健康状况、年支出和当地语言水平只对部分样本的人才迁居起作用。其中，婚姻状况则只在中小城市和女性子样本中起作用，而年支出只在副省级及以上城市显著并且系数为正，这可能与在大城市较高的收入有关。政治面貌在各子样本中均不起作用。

宏观层面的各变量只在各部分子样本中产生作用，说明社会环境的宏观变量排在微观因素之后。

（三）内生性及稳健性检验

根据前文理论，本章在实证分析时已控制多数的关键变量，因此不存在遗漏变量的问题，但是容易出现双向因果导致的内生性。即精神收益的作用导致人才的迁居，而人才的迁居会反过来影响精神收益。考虑到中国劳动力动态调查的部分数据追踪数据，所以本章将2016年的部分数据与2014年进行匹配，通过滞后一期的精神收益变量进行回归，进一步检验前文回归结果的内生性和稳健性。采用滞后一期的核心变量做回归，一方面可以克服解释变量存在的内生性问题，另一方面还可以考虑到核心自变量对因变量影响存在的时滞效应问题。具体结果如表3-8所示：

表3-8　精神收益对人才的居留意愿影响的稳健性分析

变量名称	模型1	模型2	模型3
工作价值	0.0681[*]	0.0567[*]	0.0586[*]
	(0.0376)	(0.0334)	(0.0347)

变量名称	模型 1	模型 2	模型 3
生活满意度	0. 114***	0. 0838**	0. 0689*
	(0. 0387)	(0. 0385)	(0. 0382)
微观层面	未控制	已控制	已控制
宏观层面	未控制	未控制	已控制
Observations	472	472	472
Wald chi2	30. 05	85. 51	125. 36
Log likelihood	−973. 5342	−942. 9607	−901. 7213

如表 3-8 所示，模型 1 在未加控制变量时，滞后的工作价值和生活满意度对高学历迁居系数分别为 0. 0681 和 0. 114，并且在 10% 和 1% 的水平上显著。模型 2 和模型 3 为加入微观层面的控制变量和宏观层面控制变量的回归结果，虽然系数有所变化，但均在 5% 或 10% 的水平上显著，表明精神收益对人才迁居影响具有较强稳健性。

第四节　本章小结

人才集聚是人才迁居流动的结果，本章通过分析我国人才迁居意愿来了解我国科技人才集聚的影响因素，由此可以得出：

第一，在个人特征中，婚姻对人才的迁居意愿有很显著的影响作用，与少数民族相比，汉族人才的迁居意愿更强。第二，我国人才的迁居意愿正在摆脱家庭因素的束缚，家庭的压力和所在地的经济环境已经不是人才长期迁移的主要问题。第三，迁居收益是人才迁居的主要动力，这主要表现在相对于中小城市，人才更喜欢选择大城市与特大城市，收入对人才迁居意愿的影响依然显著等。第四，人才长期迁移的迁居成本作用明显，尽管我国目前高速、高铁等交通愈加便利，但人才迁移的行为受到距离的限制，除距离外，当地的房价也是阻碍人才迁居的重要因素。第五，精神收益同样影响人才的迁居行为，精神收益对人才迁居行为的影响主要在两个方面：一方面，农村人才和城镇人才对精神收益倾向的不同，农村人才获得尊重会对迁居意愿产生正向影响，而城镇人才则更倾向于发挥自己能力。另一方面，精神收益受现居地收入和生活获得感的正向影响，也就是说，当现居地的收入越高和对现居地的生活评价越好，精神收益对人才迁居的影响越大。要留住人才时可以考虑建立相应的科研平台和创业平台等，为人才的自我实现提供较好平台。

第四章　我国科技人才集聚与区域创新产出的现状分析

通过第二章的理论分析和文献综述显示，第三章又探讨了我国人才集聚的历程和集聚原因，科技人才集聚与区域创新已有学者开始研究并对两者之间的关系有所探讨。那么现实中我国各地区的科技人才集聚如何？区域创新产出如何？两者是否存在一定的相关性？为充分分析两者的现状，本章首先利用我国 2000~2017 年 30 个省份的数据分析科技人才集聚的总体发展现状和趋势；其次利用专利授权量、科技论文数量和新产品销售量等区域创新代理指标从增长速度、分布状况和空间基尼系数变化等方面分析我国区域创新产出的现状；最后利用相关系数和散点图分析科技人才集聚与区域创新产出之间的相关性，为理论和实证检验提供现实依据。

第一节　我国科技人才集聚的现状

本章安排如下：首先对科技人才集聚的指标进行分析和筛选，通过总结常用的集聚指标，筛选使用的科技人才集聚度指标；其次分析我国科技人才集聚度的特征，分析科技人才集聚度时主要从科技人才的总体规模、分布以及科技人才的类别和部门对科技人才的集聚情况进行分析。

一、指标的选取和数据来源

（一）科技人才集聚指标的选取

科技人才集聚方法的选择。科技人才集聚发生在某个地区，目前还没有使用特定的科技人才集聚指标来对科技人才集聚进行分析。学者们将数据点定位到区域、国家或者世界地区以分析科技人才集聚以及集聚格局。目前对集聚定义较为常见的方法包括四种：①区位商（Location Quotient，LQ）；②水平集群区位商（Horizontal Cluster Location Quotient，HCLQ）；③区位基尼系数（Locational Gini Coefficient，LGC）；④赫芬代尔—赫希曼指数（Herfind-ahl Hirschman Index，HHI）。

下面是最常用的四种辨识经济活动集中度的指标分析：

（1）区位商（Location Quotient，LQ）。学者们常用 LQ 指数来测量相对集中度，即给予本地经济和其他地区经济比例计算的区位商。LQ 大于 1，即说明在特定区域、特定行业的值大于平均水平，计算公式如（4-1）所示。

$$LQ = \left(\frac{E_{ig}}{E_{in}}\right) \Big/ \left(\frac{E_{og}}{E_{on}}\right) \tag{4-1}$$

其中，E_{ig} 表示区域 g 中部门 i 的就业；E_{og} 表示区域 g 的总就业；E_{in} 表示部门 in 的全国就业；E_{og} 表示全国的总就业。

费尔德曼（Feldman，1994）和其他学者曾在实证研究中用 LQ 指数研究创新地理。尽管 LQ 指数能够判断一地区的科技人才集聚是否高于全国平均水平，但不包含地区人才集聚的绝对规模信息。正是由于区位商是一个相对概念，Fingleton、Igliori 和 Moore（2003）提出了一个新的指标 HCLQ。

（2）水平集群区位商（Horizontal Cluster Location Quotient，HCLQ）。Fingleton、Igliori 和 Moore（2003）等用规模指数给 LQ 加权，例如，用本地产业占全国产业的比重或者本地产业的职位数来反映一产业在当地的相对重要性和基于就业数的集聚规模。计算公式如（4-2）所示。

$$HCLQ = E_{ig} - \hat{E}_{ig} \tag{4-2}$$

其中，E_{ig} 表示区域 g 中部门 i 的实际就业；$\hat{E}_{ig}$ 表示区域 g 中部门 i 就业 LQ 等于 1 时的预期就业人口。

他们定义 HCLQ（Fingleton 等将其称为 HC）为本地产业就业规模超过预期的那部分。然后假设当地某产业的就业数占全国对应产业的就业数比重作为预期数，此时 LQ 等于 1。最后，他定义水平集聚度为实际就业数和预期就业数之差，即 $HCLQ = E_{ig} - \hat{E}_{ig}$。

此外，当加入企业地理邻近信息时，需考虑到观察区域的空间规模，学者们用集权密度作为单位面积的就业测量指标。其计算公式为 $HC = E_{ig} / A$，其中，A 是地区 g 的面积。该指标同样能用来测量创新的集聚分散程度。

（3）区位基尼系数（Locational Gini Coefficient，LGC）。克鲁格曼（1991）提出用 LGC 来表示区域收入不均衡。计算方法为：首先计算每个区域总就业在全国总就业的比值和该区域某行业总就业在全国该行业的比值；其次可以将这两个比值分别按大小排列；最后按照大小顺序分别以产业的累计百分比和该地区的总就业累计百分比为坐标，获得一条累计曲线，计算公式如（4-3）所示。

$$LGC = \frac{\sum_{i=1}^{n} \sum_{j=1}^{n} |x_i - x_j|}{2n(n-1)\mu} \tag{4-3}$$

其中，x 是每个区域的区位商；μ 是研究区域的区位商均值；n 是区域的个数。

克鲁格曼用 LGC 来测量某个产业相对于全部就业空间分布，也可用来测量科技人才集聚。当 LGC 为 0 时，该产业的就业/科技人才在各区域的分布与总体就业的分布相一致。如果某产业的分布与整体就业分布存在很大差异，LGC 就趋向接近于 1。

（4）赫芬代尔—赫希曼指数（Herfindahl Hirschman Index，HHI）：学者们用 HHI 指数作为另一种测量创新活动市场集中性的指标。最初 HHI 的定义为每个企业市场份额平方的和。因此，其取值范围为 0~1。如果市场中只有一个企业，则 HHI 指数为 1，那么该企业控制整个行业。由此高 HHI 值代表了行业中企业集中度高。通过对市场份额平方，相对于简单的集聚指数来说，大企业的权重增加了，计算公式如（4-4）所示。

$$HHI = \sum_{i=1}^{n} (S_i - x_i)^2 \tag{4-4}$$

其中，S是区域 i 的某产业就业比重；x是区域 i 的总就业比重。

根据以上定义可以发现，区位商、水平集群区位商、区位基尼系数赫芬代尔—赫希曼指数等均为相对集聚指标，而集权密度指标（HC）为绝对集聚指标，相对集聚指标的特点为在与其他地区进行对比时能通过数据值的大小直接反映该地区在全国的集聚状况，例如，区位商指数，当一个地区的集聚程度大于全国平均集聚程度时，集聚值大于1；当一个地区的集聚程度小于全国平均集聚程度时，集聚值小于1，但相对指标的缺点在于无法就本地区在时间上的集聚度变化给予反映。由于使用的科技人才数据是既有时间维度又有空间维度的面板数据，所以选用集权密度指标（HC），即单位面积（每平方公里）的科技人才数量作为集聚指标。

（二）指标数据来源

本章数据中科技人才数据主要来自《中国科技统计年鉴》（2001—2018），本书的科技人才使用研究与试验发展人员（R&D 人员）全时当量（指折合全年全部工作时间后的人数）代替，由于研究与试验发展人员（R&D 人员）多为研究人员，在以往的研究中也多将研究与试验发展人员作为科技人才的代理数据，因此本书的科技人才主要指研究与试验发展人员，下文不再加以区别。R&D 全时人员按照所在单位主要分为工业企业、研究与开发机构和高等学校三个部门，按照工作类别可以分为基础研究、应用研究和试验发展三种类型人员。

二、我国总体科技人才集聚现状分析

（一）我国科技人才的规模和分布分析

1. 我国科技人才的规模不断增长

随着经济的发展以及对人才培养的重视，我国对科技人才的培养规模呈现逐年增加的态势。本节首先以研究与试验发展人员为科技人才的代理指标对科技人才的总规模进行分析，其次分析各类科技人才的规模培养量。所有数据均来自《中国科技统计年鉴》。

表 4-1 列出了 1998~2017 年我国科技人才的数量。由此可知，我国 R&D 人员全时当量从 1998 年的 75.52 万人增加到 2017 年的 403.36 万人，扩大

6.34 倍，年平均增长率为 8.74%。有如此的增长速度主要与我国 20 世纪 90 年代提出的"科教兴国"战略相关，"科教兴国"指出我国要全面落实科学技术是第一生产力的思想，坚持教育为本，把科技和教育摆在经济、社会发展的重要位置，并在 1999 年我国开始扩大高等教育的招生规模，培养各方面的人才。按照我国大学四制来说，2003 年第一批扩张后的高校毕业生开始从事相关的工作岗位，2003 年以后科技人才的规模开始有较快的增长。因此由图 4-1 可知我国科技人才数量，2004~2013 年科技人才的增长率超过平均增长率，这 10 年间科技人才增加 238.02 万人，年平均增长率为 11.85%。

表 4-1 我国研究与试验发展（R&D）人员历年数量   单位：万人

年份	R&D 人员全时当量	R&D 人员全时当量		
		基础研究	应用研究	试验发展
1998	75.52	7.87	24.97	42.68
1999	82.17	7.60	24.15	50.42
2000	92.21	7.96	21.96	62.28
2001	95.65	7.88	22.60	65.17
2002	103.51	8.40	24.73	70.39
2003	109.48	8.97	26.03	74.49
2004	115.26	11.07	27.86	76.33
2005	136.48	11.54	29.71	95.23
2006	150.25	13.13	29.97	107.14
2007	173.62	13.81	28.60	131.21
2008	196.54	15.40	28.94	152.20
2009	229.13	16.46	31.53	181.14
2010	255.38	17.37	33.56	204.46
2011	288.29	19.32	35.28	233.73
2012	324.68	21.22	38.38	265.09
2013	353.28	22.32	39.56	291.40

续表

年份	R&D 人员全时当量	R&D 人员全时当量		
		基础研究	应用研究	试验发展
2014	371.06	23.54	40.70	306.82
2015	375.88	25.32	43.04	307.53
2016	387.81	27.47	43.89	316.44
2017	403.36	29.01	48.96	325.39

资料来源：历年《中国科技统计年鉴》。

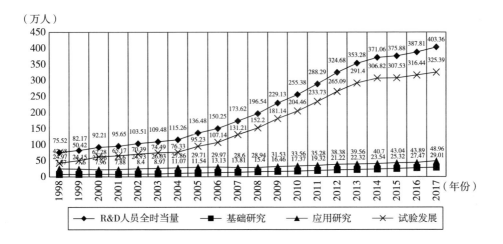

图 4-1　我国研究与试验发展人员历年数量

资料来源：历年《中国科技统计年鉴》。

由表 4-1 可知，可以将研究与试验发展人员分为基础研究、应用研究和试验发展人员。其中试验发展人员数量最多，由 1998 年的 42.68 万人增加到 2017 年的 325.39 万人，扩大 7.62 倍，基础研究和应用研究人员分别扩大 3.68 倍和 1.96 倍，增长幅度均小于试验发展人员。试验发展人员占总科技人才的比重也逐年上升，由 1998 年的 56.15% 上升到 2017 年的 80.67%。试验发展是指利用从基础研究、应用研究和实际经验所获得的现有知识，为产生新的产品、材料和装置，建立新的工艺、系统和服务以及对已产生和建立的上述各项做实质性的改进而进行的系统性工作。基础研究是为获得关于现象和可观察事实的基本原理及新知识而进行的实验性和理论性工作，它不以任何专门或特定的应用或使用为目的。应用研究是为获得新知识而进行的创造性的研究，它主要是针对某一特定的实际目的或目标。通过比较试验发展、基础研究和应用研究的内涵可知，基础研究和应用研究是底层的知识发展和创造，而试验发展的结果最接近于对知识和技术的应用。虽然试验发展人员的迅猛增长促使我国科技也在不断进步，但也应该注意对基础研究和应用研究的投入。目前试验发展人员的数量增长速度已大大快于基础研究人员和应用研究人员增速，作为对试验发展的支撑和基础，应该警惕基础研究和应用人员投入的不足，两者对新知识的创造需要的投入更大、周期更长。

表4-2列出了我国历年各机构的科技人才数量，工业企业中的科技人才数量增长最快，由2001年的37.93万人增长到2017年的273.62万人，扩大7.21倍。与此同时，2017年科研机构和高等学校的科技人才扩大分别为1.97倍和2.23倍，均小于工业企业中的科研人才增长量。这说明我国工业企业增长迅速，对科技人才有巨大的需求量，该变化在提高企业创新能力的同时也有利于提高区域创新绩效的能力（李鹏，2019）。而科研机构和高等院校绝大多数为事业单位，主要由中央和地方政府管理，市场的作用较不明显，决定了两个机构的科研人数的发展。

表4-2　不同结构下我国科技人才数量　　　　　　　　单位：万人

年份	科研机构	工业企业	高等学校
2001	20.50	37.93	17.11
2002	20.63	42.43	17.70
2003	20.39	47.81	18.93
2004	21.21	54.18	20.33
2005	21.53	60.64	22.72
2006	23.19	69.57	24.25
2007	25.55	85.77	25.50

续表

年份	科研机构	工业企业	高等学校
2008	26.01	123.00	26.68
2009	27.72	115.88	27.52
2010	29.35	136.99	28.97
2011	31.57	193.91	29.93
2012	34.35	202.72	31.35
2013	36.37	227.02	32.48
2014	37.38	264.16	33.48
2015	38.36	263.83	35.49
2016	39.01	270.25	36.00
2017	40.57	273.62	38.22

资料来源：历年《中国科技统计年鉴》。

2. 我国各地区科技人才分布特征为东密西疏

从科技人才的地域分布来看，多数科技人才主要分布在东部地区①，并且随着时间的推移，东部、中部和西部的增长率逐渐拉大。具体而言，如表4-3所示，2000 年我国东部、中部和西部的科技人才为 51.09 万人、22.39万人和 18.74 万人，比重分别为 55.40%、24.28% 和 20.32%。2010 年东、中、西的科技人才数量分别为 169.04 万人、52.45 万人和 33.90 万人，比重扩大为 66.19%、20.54% 和 13.28%，2000~2010 年，东部科技人才的比重增加 10.79%，中部科技人才的比重下降 3.74%，西部科技人才比重下降7.04%。到 2017 年，东、中、西三地区的科技人才数量分别为 273.47 万人、77.63 万人和 52.26 万人，三者的比重进一步扩大为 67.80%、19.25% 和12.96%。2010~2017 年，东部科技人才比重增加 1.61%，中部科技人才比重下

① 本书的研究借鉴国家统计局 2003 年对我国经济地区的划分，其中东部地区包括北京、天津、河北、辽宁、上海、江苏、浙江、福建、山东、广东、海南 11 个省（直辖市）；中部地区包括黑龙江、吉林、山西、安徽、江西、河南、湖北、湖南 8 个省；西部地区包括内蒙古、广西、重庆、四川、贵州、云南、西藏、陕西、甘肃、青海、宁夏、新疆 12 个省（自治区、直辖市）。

降 1.29%，西部科技人才集聚的比重下降 0.32%。由此可以看出，在 2010～2017 年尽管东部的科技人才增加的比重高于中部和西部地区，但科技人才增加的速度要明显慢于 2000～2010 年阶段。

表 4-3 我国东、中、西科技人才数量　　　　　　单位:%

年份 地区	2000		2005		2010		2015		2017	
东部地区	51.09	55.40	83.49	61.17	169.04	66.19	255.30	67.92	273.47	67.80
中部地区	22.39	24.28	29.82	21.85	52.45	20.54	73.81	19.64	77.63	19.25
西部地区	18.74	20.32	23.17	16.98	33.90	13.28	46.78	12.44	52.26	12.96
全国	92.21	100	136.48	100	255.38	100	375.88	100	403.36	100

资料来源：历年《中国科技统计年鉴》。

　　为进一步分析各地区的科技人才，将各省份的科技人才数量列于表 4-4，由表 4-4 可知，2000～2017 年，科技人才规模涨幅最大的 3 个省份分别为浙江省、广东省和江苏省，科技人才数量分别由 2000 年的 2.50 万人、7.11 万人和 7.11 万人上升为 2017 年的 39.81 万人、56.53 万人和 56.00 万人，扩大幅度分别达到 14.92 倍、6.94 倍和 6.88 倍，全部集中在东部地区。涨幅最小的 3 个省份分别为甘肃省、陕西省和辽宁省，科技人才数量分别由 2000 年的 1.84 万人、6.41 万人和 4.85 万人上升为 2017 年的 2.37 万人、9.82 万人和 8.99 万人，扩大幅度分别为 0.29 倍、0.53 倍和 1.83 倍，主要集中在东北部和西部地区，这也进一步表明了我国科技分布的不均衡性。

表 4-4 我国各地区科技人才数量　　　　　　单位：万人

年份 省（市、区）	2000	2005	2010	2015	2017
北京	9.88	17.10	19.37	24.57	26.98
天津	2.32	3.34	5.88	12.43	10.31
河北	2.88	4.17	6.23	10.75	11.32

续表

年份 省（市、区）	2000	2005	2010	2015	2017
山西	1.43	2.74	4.63	4.29	4.77
内蒙古	0.85	1.35	2.48	3.82	3.30
辽宁	4.85	6.61	8.47	8.54	8.99
吉林	2.41	2.56	4.53	4.93	4.55
黑龙江	2.56	4.42	5.44	5.66	4.74
上海	6.31	6.70	13.50	17.18	18.35
江苏	7.11	12.80	31.58	52.03	56.00
浙江	2.50	8.01	22.35	36.47	39.81
安徽	2.54	2.84	6.42	13.36	14.05
福建	2.25	3.57	7.67	12.66	14.03
江西	1.80	2.21	3.48	4.65	6.19
山东	4.82	9.11	19.03	29.78	30.48
河南	3.46	5.12	10.15	15.89	16.25
湖北	4.45	6.12	9.79	13.55	14.00
湖南	2.89	3.80	7.26	11.49	13.08
广东	7.11	11.94	34.47	50.17	56.53
广西	1.30	1.79	3.40	3.83	3.69
海南	0.12	0.12	0.49	0.77	0.77
重庆市	1.62	2.46	3.71	6.15	7.91
四川	6.02	6.64	8.38	11.68	14.48
贵州	0.81	0.98	1.51	2.35	2.83
云南	1.11	1.48	2.26	3.95	4.66
西藏	0.03	0.06	0.13	0.11	0.12
陕西	6.41	5.37	7.32	9.26	9.82
甘肃	1.84	1.68	2.08	2.59	2.37
青海	0.22	0.26	0.49	0.40	0.57
宁夏	0.26	0.40	0.64	0.92	0.99
新疆	0.42	0.70	1.44	1.69	1.52

资料来源：《中国科技统计年鉴》（2018）。

（二）我国科技人才集聚格局分析

尽管科技人才的数量在不同地域之间呈现差距不断增大的趋势，但集聚的态势可能与数量表现出不同的特征。这主要是因为科技人才的集聚除数量外，还有与空间的关系。

本书使用的科技人才集聚概念为单位面积上科技人才的数量。科技人才集聚度公式为：科技人才集聚度 $= P_i/S_i$。一方面，科技人才集聚度表达了人才数量的关系；另一方面，表达了与人才所在地区的绝对关系。具体而言，本书以省级为单位，P_i 表示某省（市、区）的科技人才数量（全时当量）或者是某一部门的科技人才数量，S_i 表示某省（市、区）集聚区域的面积，主要指各地区的省市面积。由此求出我国各省（市、区）的科技人才集聚度，如表 4-5 所示。

表 4-5　我国主要年份各地区科技人才集聚度

年份 省（市、区）	2000	2005	2010	2015	2017
北京	6.033	10.449	11.834	15.011	16.484
天津	2.002	2.881	5.064	10.712	8.882
河北	0.154	0.223	0.333	0.575	0.605
山西	0.092	0.175	0.296	0.274	0.305
内蒙古	0.007	0.012	0.022	0.033	0.029
辽宁	0.334	0.455	0.583	0.588	0.612
吉林	0.126	0.135	0.238	0.259	0.239
黑龙江	0.057	0.098	0.121	0.126	0.105
上海	9.436	10.632	21.408	27.244	29.099
江苏	0.704	1.268	3.129	5.154	5.547
浙江	0.245	0.785	2.190	3.574	3.901
安徽	0.181	0.202	0.457	0.951	1.000
福建	0.184	0.293	0.630	1.038	1.151
江西	0.107	0.132	0.208	0.278	0.370
山东	0.314	0.594	1.241	1.941	1.987

续表

省（市、区） \ 年份	2000	2005	2010	2015	2017
河南	0.209	0.309	0.613	0.959	0.981
湖北	0.239	0.329	0.526	0.728	0.752
湖南	0.136	0.179	0.342	0.541	0.616
广东	0.402	0.674	1.946	2.833	3.192
广西	0.055	0.076	0.144	0.162	0.156
海南	0.034	0.036	0.144	0.227	0.227
重庆	0.196	0.298	0.449	0.745	0.959
四川	0.124	0.137	0.173	0.241	0.299
贵州	0.046	0.055	0.086	0.134	0.161
云南	0.029	0.039	0.059	0.103	0.121
陕西	0.311	0.261	0.356	0.450	0.477
甘肃	0.046	0.041	0.051	0.064	0.059
青海	0.003	0.004	0.007	0.006	0.008
宁夏	0.050	0.078	0.123	0.178	0.190
新疆	0.003	0.004	0.009	0.010	0.009

资料来源：《中国科技统计年鉴》（2000、2005、2010、2015、2017）。

由表4-5可知，我国科技人才相对集聚有如下三个特征：

1. 我国各地区的科技人才集聚度均在增加，但东部增速快于中部和西部

各省市的科技人才的集聚程度均呈现不同程度的增加。在全国30个省份中，增长最快的3个省份为浙江省、广东省和江苏省，2000年3个省份的科技人才集聚度分别为0.245、0.402和0.704，到2017年浙江省、广东省和江苏省的人才集聚度分别为3.901、3.192和5.547，比2000年扩大15.92倍、7.94倍和7.88倍，前3个省份均在东部地区。增幅最慢的3个省份分别为甘肃省、陕西省和辽宁省，2017年3个省份的科技人才集聚度分别为0.059、0.477和0.612，2017年的人才绝对集聚度分别比2000年增长1.28倍、1.53倍和1.83倍，排名后3位的省份均为西部和中部省份。

2. 我国科技人才集聚总体区域差异呈现扩大趋势，但部分地区的集聚度缩小

首先，从全国范围来看，2000 年我国科技人才的集聚度最高的 3 个地区分别为上海、北京和天津，集聚度分别为 9.436、6.033 和 2.002，从集聚度最高的 3 个省份可以看出，集聚度最高的上海是排名第二的北京的 1.56 倍和排名第三的天津的 4.71 倍。集聚度最小的 3 个地区分别为内蒙古、青海和新疆，集聚度为 0.007、0.003 和 0.003，上海集聚度是最低的新疆和青海的3145.33 倍。因此，我国科技人才的集聚度存在较大的不均衡。截至 2017 年的最新统计，全国范围内的科技人才集聚差异出现了明显变化，其中集聚度最高的地区依然是上海，但其集聚度上升到 29.099，扩大幅度为 3.08 倍。第二名为北京，集聚度为 16.484，相较 2000 年科技人才集聚度上升 2.73 倍。2017 年上海集聚度为北京集聚度的 1.77 倍，相较 2000 年两者的集聚度，2017年有所提高。同时 2017 年集聚度最低的省份为青海省，其集聚度为 0.008，相较 2000 年科技人才集聚度上升 1.67 倍。上海的集聚度为青海集聚度的 3637.38倍，相较 2000 年的集聚度来说，最高地区与最低地区的集聚度有所扩大。

其次，从东、中、西三个地区的划分来看，区域内部的集聚度差异表现有所不同。具体而言，2000 年时东部地区中地区间集聚的极值出现在上海和海南之间，分别为 9.436 和 0.034，两者差距 277.53 倍；中部地区的极值出现在湖北和黑龙江之间，分别为 0.239 和 0.057，两者差距 4.19 倍；西部地区的极值出现在陕西和新疆之间，差距为 103.67 倍。就东、中、西内部差距而言，东部最大，西部次之，中部最小。到 2017 年东、中、西三大地区来看，东部的极值依然是在上海和海南之间，不过两者的差距由 277.53 倍缩小为128.19 倍；而中部地区的最大值由湖北变为河南，与最小值黑龙江的比重扩大为 9.34 倍。西部地区的极值变为重庆和青海，两者的差距扩大为 119.88 倍。

综上所述，我国各地区的科技人才相对集聚的差距趋于减小，但具体到东、中、西三大地区而言，东部地区缩小趋势明显，而中部和西部地区呈现差距扩大的趋势。

3. 南北方的人才集聚趋势差异日益明显

长期以来，中国区域发展不平衡的讨论，基本都集中在东、中、西部地

区的经济差距。但东、中、西部划分外，中国的区域经济发展格局正在发生重大变化，即从"东西差异"变为"南北差距"，本章参考周晓波等（2019）对我们南北方省份的划分①，其中我国南方省份的范围包括 16 个省（市、区），即上海、江苏、浙江、安徽、福建、江西、湖北、湖南、广东、广西、海南、重庆、四川、贵州、云南、西藏；北方省份的范围包括 15 个省（市、区），即北京、天津、河北、山西、内蒙古、辽宁、吉林、黑龙江、山东、河南、陕西、甘肃、青海、宁夏、新疆。据相关研究表明（周晓波等，2019），2007~2012 年南北方 GDP 增速基本保持一致，北方 GDP 增速甚至略快于南方。以 2013 年为起点，南方的经济增速开始超过北方 0.14%，此后南方的经济增速一直快于北方，到 2016 年，南、北方的差距达到最大值，经济增速扩大到 1.7%，是 2013 年的 12.14 倍，尽管 2017 年南、北方的差距缩小到了 1.4%，但依然是 2013 年的 10 倍。从 2013~2017 年的经济年平均增长率来看，南方的平均增速为 8.5%，而北方的平均增速滞后，为 7.4%。南方经济增速高于北方 1.1%。除经济差距外，以南、北方作为划分标准的各省份也可以看出我国人才相对集聚的格局。南部省份的集聚增速地区高于北方的。南方省份集聚度 2000~2017 年科技人才平均增加为 4.48 倍，而北方省份的科技人才集聚度平均增加 2.16 倍，北方省份科技人才增加的倍数仅为南方省份的一半。

三、我国三大部门科技人才集聚现状分析

我国科技人才主要集中在三个部门，根据单位性质可以分为工业企业、研究与开发机构和高等学校。根据《中国科技统计年鉴》计算我国各省份三大部门的科技人才集聚度如表 4-6 所示。

表 4-6　我国各省份三大部门科技人才集聚情况

省（市、区）	工业企业			研究与开发机构			高等学校		
	2010 年	2015 年	2017 年	2010 年	2015 年	2017 年	2010 年	2015 年	2017 年
北京	1.785	3.102	3.220	4.781	5.986	6.264	1.836	2.105	2.151

① 周晓波，陈璋，王继源.中国南北方经济分化的现状、原因与对策——一个需要重视的新趋势 [J].河北经贸大学学报，2019，40（3）：1-9+39.

续表

省（市、区）	工业企业			研究与开发机构			高等学校		
	2010 年	2015 年	2017 年	2010 年	2015 年	2017 年	2010 年	2015 年	2017 年
天津	2.427	7.263	4.987	0.549	0.867	1.063	0.766	0.980	0.919
河北	0.202	0.425	0.423	0.033	0.047	0.051	0.039	0.057	0.063
山西	0.192	0.185	0.203	0.033	0.027	0.030	0.038	0.041	0.047
内蒙古	0.013	0.025	0.020	0.003	0.003	0.003	0.003	0.003	0.003
辽宁	0.306	0.338	0.341	0.077	0.089	0.098	0.108	0.115	0.121
吉林	0.102	0.122	0.111	0.034	0.039	0.038	0.071	0.078	0.075
黑龙江	0.072	0.071	0.053	0.016	0.016	0.015	0.033	0.033	0.018
上海	9.094	15.062	14.108	3.686	4.667	4.651	3.420	3.692	3.905
江苏	1.993	4.371	4.512	0.163	0.234	0.263	0.173	0.236	0.268
浙江	1.146	3.103	3.270	0.041	0.070	0.077	0.127	0.158	0.196
安徽	0.243	0.689	0.738	0.040	0.072	0.078	0.069	0.096	0.090
福建	0.361	0.814	0.866	0.023	0.034	0.039	0.048	0.081	0.098
江西	0.111	0.187	0.269	0.024	0.032	0.034	0.030	0.034	0.040
山东	0.782	1.573	1.559	0.061	0.077	0.086	0.095	0.137	0.146
河南	0.411	0.791	0.746	0.059	0.066	0.066	0.036	0.047	0.055
湖北	0.257	0.466	0.506	0.066	0.082	0.073	0.075	0.082	0.087
湖南	0.166	0.395	0.444	0.031	0.037	0.033	0.053	0.068	0.080
广东	1.462	2.321	2.583	0.041	0.075	0.082	0.091	0.133	0.146
广西	0.050	0.080	0.068	0.015	0.018	0.019	0.041	0.041	0.045
海南	0.025	0.098	0.058	0.029	0.035	0.058	0.015	0.029	0.031
重庆	0.262	0.547	0.684	0.034	0.052	0.061	0.086	0.095	0.116
四川	0.071	0.117	0.149	0.037	0.066	0.074	0.030	0.036	0.040
贵州	0.049	0.085	0.107	0.012	0.017	0.020	0.016	0.024	0.025
云南	0.020	0.043	0.056	0.012	0.019	0.020	0.013	0.018	0.019
陕西	0.135	0.219	0.217	0.123	0.143	0.147	0.048	0.052	0.059
甘肃	0.021	0.031	0.025	0.016	0.017	0.016	0.007	0.009	0.010
青海	0.003	0.002	0.003	0.001	0.001	0.001	0.001	0.001	0.001
宁夏	0.046	0.105	0.123	0.007	0.010	0.012	0.021	0.027	0.037
新疆	0.004	0.004	0.004	0.002	0.002	0.002	0.001	0.002	0.002

资料来源：《中国科技统计年鉴》（1999—2019）。

为方便对三个部门进行比较,将三大部门的科技人才集聚按照集聚度在0~1、1~2和2以上三个层次进行划分,由三大部门科技人才集聚的变化可知,各省市只有工业企业的科技人才集聚度在2000~2017年有较为显著的增长。在工业企业的科技人才集聚中2010年仅有北京、天津、江苏、浙江和广东的科技人才集聚度在1以上,2015年北京、天津、江苏、浙江和广东的科技人才集聚度均超过了2,而山东的科技人才集聚度由0.782变为1.573。2017年工业企业科技人才集聚度在各省份的变化不大。研究与开发机构和高等学校的科技人才集聚度在2010~2017年,以0~1、1~2和2以上的划分中均没有发生较为明显的变动。

分析表4-6可以进一步得出我国三大部门的科技人才集聚具有以下两个特征:

(1)我国各地区三大部门的科技人才集聚度不断增加,但部分省份的科技人才集聚度有所减小。其中工业企业的科技人才集聚度增长最快,2017年我国30个省份的工业企业的平均科技人才集聚度比2010年增长1.24倍,研究与开发机构的科技人才集聚度2017年比2010年平均增长0.44倍,高等学校的科技人才集聚度2017年比2010年平均增长0.59倍。但在各省份增长的同时,部分省份的科技人才集聚度出现了下降的情况,其中黑龙江省的工业企业科技人才集聚度由2010年的0.072下降到2017年的0.053,下降幅度为26.39%。

(2)我国各地区三大部门的科技人才集聚中,工业企业、高等学校极化现象加剧,而研究与开发机构的科技人才集聚极化略有减小。就工业企业集聚度而言,2010年集聚度最高的省份为上海,集聚度为9.094,集聚度最低的省份为青海省,集聚度为0.003,两者相差3031.3倍。2017年工业企业集聚度最高的省份为上海,集聚度增加到14.108,集聚度最低的省份为青海,集聚度为0.003,两者相差4702.67倍,最高科技人才集聚省份与最低科技人才集聚省份的差距进一步拉大。就高等学校而言,2010年集聚度最高的省份为上海,集聚度为3.420,集聚度最低的省份为青海,集聚度为0.001,两者相差3420倍。2017年高等学校集聚度最高的省份为上海,集聚度为3.905,集聚度最低的省份为青海,集聚度为0.001,两者相差3905

倍，最高科技人才集聚省份与最低科技人才集聚省份的差距进一步拉大。就研究与开发机构而言，2010 年集聚度最高的省份为北京，集聚度为4.781，集聚度最低的省份为青海，集聚度为0.001，两者相差4781倍。2017年工业企业集聚度最高的省份为北京，集聚度为6.264，集聚度最低的省份为青海，集聚度为0.001，两者相差6264倍，最高科技人才集聚省份与最低科技人才集聚省份的差距进一步拉大。

第二节　我国区域创新产出的特征现状

对区域创新产出的度量主要有每万人的专利授权量、科技论文发表量和新产品的销售额三个指标。本节以三个指标作为我国区域创新特征进行分析。

区域创新产出中专利授权量来自《中国科技统计年鉴》，新产品销售来自《工业企业科技活动统计资料》以 2000 年的价格为基期，科技论文数据来自《浙江科技统计年鉴》（2001—2018），其中 2001 年、2002 年、2004年、2005 年和2008 年数据未被统计，通过插值法进行补充。

一、我国区域创新产出现状总体特征

表4-7 列出了我国科技产出，从三大成果来看，我国区域创新产出不断提高。论文数量由 2000 年的 60.83 万篇增长到 2017 年的 177.52 万篇，增长1.92 倍，年平均增长率为6.50%。专利授权量由8.55 万件增加到170.47 万件，增长幅度高达 19.94 倍，年平均增长率为119.25%。新产品销售额由 0.76亿元增加到13.09 亿元，增长幅度为17.22 倍，年平均增长率为18.23%。

表4-7　我国历年创新总产出

年份	论文数量（万篇）	专利授权量（万件）	新产品销售额（亿元）
2000	60.83	8.55	0.76
2001	67.57	8.89	0.87

续表

年份	论文数量（万篇）	专利授权量（万件）	新产品销售额（亿元）
2002	74. 31	10. 07	1. 07
2003	81. 05	13. 67	1. 33
2004	89. 14	12. 74	1. 81
2005	96. 26	15. 81	2. 05
2006	105. 32	20. 87	2. 60
2007	114. 09	28. 36	3. 27
2008	114. 09	32. 38	3. 88
2009	134. 76	48. 31	4. 47
2010	140. 12	71. 93	5. 31
2011	147. 15	86. 38	6. 94
2012	151. 27	114. 35	7. 63
2013	154. 30	121. 01	8. 86
2014	157. 42	119. 15	9. 86
2015	165. 82	157. 80	19. 28
2016	172. 46	161. 17	12. 15
2017	177. 52	170. 47	13. 09

资料来源：《中国科技统计年鉴》（2001－2018）。

图 4-2 列出了我国科技产出的趋势图，由此可以看出，虽然专利授权量的增幅最大，但在数量增加上较为不平均，在 2000～2008 年，我国专利授权产出从 8.55 万项增加到 32.38 万项，每年平均增加 2.98 万项。而 2008～2017 年，我国专利授权产出每年平均增加 15.34 万项。以 2008 年为节点，近10 年的专利授权的增长量是 2000～2008 年的 5.15 倍，这也表明我国在经济的发展过程中对创新越来越重视。相比专利授权量，论文数量和新产品销售占 GDP 的比重变化相对平缓。

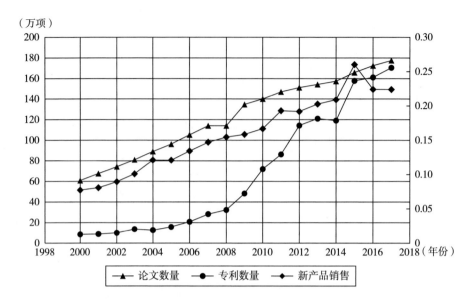

图 4-2　我国科技产出趋势

资料来源:《中国科技统计年鉴》(1999-2019)。

二、我国创新产出的区域分布特征

尽管我国在科技产出总量方面有巨大的进步,但区域内的创新产出在空间上表现出不均衡特征。

就我国专利授权量而言,专利授权量较多的省份主要集中在东部地区,其次为中部地区和西部地区(见表 4-8)。从时间维度上来看,2000~2017 年专利授权量增速最快的 10 个省份中东部地区有 5 个,分别为江苏省(35.50 倍)(括号内数字为扩大幅度,下同)、浙江省(28.51 倍)、天津市(26.06 倍)、福建省(22.77 倍)和广东省(21.06 倍);中部地区有 3 个,分别为安徽省(38.80 倍)、江西省(30.00 倍)和湖北省(21.09 倍);西部地区有 2 个,分别为重庆市(29.00 倍)和陕西省(23.07 倍),增长率较快的省份主要集中在东部地区。而在增长率最慢的 10 个省份中东部有 3 个,分别为辽宁省(5.47 倍)、海南省(6.66 倍)和河北省(12.57 倍);中部省份有 3 个,分别为吉林省(6.72 倍)、黑龙江省(8.09 倍)和陕西省

（11.68 倍），西部省份有 4 个，分别为广西壮族自治区（12.75 倍）、云南省
（11.68 倍）、新疆维吾尔自治区（11.29 倍）和内蒙古自治区（8.09 倍）。
在增速最慢的 10 个省份中并没有表现出较强的地区偏向。

表 4-8　我国各地区历年专利授权量　　　　　单位：万项

省（市、区）＼年份	2000	2005	2010	2011	2012	2013	2014	2015	2016	2017
北京	0.59	1.01	3.35	4.09	5.05	6.27	7.47	9.40	10.06	10.69
天津	0.16	0.30	1.10	1.40	1.98	2.49	2.64	3.73	3.97	4.17
河北	0.28	0.36	1.01	1.11	1.53	1.82	2.01	3.01	3.18	3.53
山西	0.10	0.12	0.48	0.50	0.72	0.86	0.84	1.00	1.01	1.13
内蒙古	0.08	0.08	0.21	0.23	0.31	0.38	0.40	0.55	0.58	0.63
辽宁	0.48	0.62	1.71	1.92	2.12	2.17	1.95	2.52	2.51	2.65
吉林	0.17	0.20	0.43	0.49	0.59	0.62	0.67	0.89	1.00	1.11
黑龙江	0.23	0.29	0.68	1.22	2.03	1.98	1.54	1.89	1.80	1.82
上海	0.41	1.26	4.82	4.80	5.15	4.87	5.05	6.06	6.42	7.28
江苏	0.64	1.36	13.84	19.98	26.99	23.96	20.00	25.03	23.10	22.72
浙江	0.75	1.91	11.46	13.02	18.85	20.24	18.85	23.50	22.15	21.38
安徽	0.15	0.19	1.60	3.27	4.33	4.88	4.84	5.90	6.10	5.82
福建	0.30	0.51	1.81	2.19	3.05	3.75	3.79	6.16	6.71	6.83
江西	0.11	0.14	0.43	0.56	0.80	1.00	1.38	2.42	3.15	3.30
山东	0.70	1.07	5.15	5.88	7.55	7.70	7.28	9.81	9.81	10.05
河南	0.28	0.37	1.65	1.93	2.68	2.95	3.34	4.78	4.91	5.54
湖北	0.22	0.39	1.74	1.90	2.45	2.88	2.83	3.88	4.18	4.64
湖南	0.26	0.37	1.39	1.61	2.32	2.44	2.66	3.41	3.41	3.79
广东	1.58	3.69	11.93	12.84	15.36	17.04	18.00	24.12	25.90	33.27
广西	0.12	0.12	0.36	0.44	0.59	0.79	0.97	1.36	1.49	1.53
海南	0.03	0.02	0.07	0.08	0.11	0.13	0.16	0.21	0.19	0.21
重庆	0.12	0.36	1.21	1.55	2.04	2.48	2.43	3.89	4.27	3.48
四川	0.32	0.46	3.22	2.84	4.22	4.62	4.71	6.50	6.24	6.40
贵州	0.07	0.09	0.31	0.34	0.61	0.79	1.01	1.41	1.04	1.26
云南	0.12	0.14	0.38	0.42	0.59	0.68	0.81	1.17	1.20	1.42
陕西	0.15	0.19	1.00	1.17	1.49	2.08	2.28	3.34	4.85	3.46
甘肃	0.05	0.05	0.19	0.24	0.37	0.47	0.51	0.69	0.80	0.97
青海	0.01	0.01	0.03	0.05	0.05	0.05	0.06	0.12	0.14	0.16

续表

年份 省（市、区）	2000	2005	2010	2011	2012	2013	2014	2015	2016	2017
宁夏	0.02	0.02	0.11	0.06	0.08	0.12	0.14	0.19	0.27	0.42
新疆	0.07	0.09	0.26	0.26	0.34	0.50	0.52	0.88	0.71	0.81
总计	8.55	15.8	71.93	86.38	114.4	121.01	119.15	157.8	161.2	170.47

资料来源：《中国统计年鉴》（2001、2006、2011~2018）。

从总规模上来看，东部地区在空间分布上专利授权量一直处于前列。

我国专利授权量较高的省份集中在东部沿海地区，专利授权数量从东部向中部、西部逐渐下降。在 2000 年、2005 年、2010 年和 2017 年我国专利授权数量的四分位图仅部分地区发生变化。其中，始终处于第一分组的省份有北京、上海、山东、江苏、浙江、广东等省市；处于第二分组的绝大部分位于中部省份，分别为河北、河南、湖北、湖南、福建和四川；处于第三分组的省份有吉林、天津、安徽、江西、陕西、重庆、云南和广西；新疆、青海、新疆、甘肃、内蒙古、陕西、宁夏和贵州等处于第四分组。专利授权量在空间上呈现出东高西低的情况。总体上我国西北和西南的专利授权量相对较低。

为了避免区域创新产出仅用专利授权量带来的对区域创新产出分析的偏差，本章利用区域科技论文量和新产品销售量对区域创新产出进行度量，来进一步分析区域创新产出的特征。

从表 4-9 可以发现，利用科技论文数量和新产品销售额作为区域创新产出的代理变量在全国的分布特征依然与区域创新产出的特征类似。

表 4-9　我国各地区历年创新产出　　　　　　单位：万篇，万元

省（市、区）	科技论文数量				新产品销售			
	2000 年	2005 年	2010 年	2017 年	2000 年	2005 年	2010 年	2017 年
北京	7.46	11.24	16.53	20.59	564.96	645.35	1547.02	2144.84
天津	1.50	2.27	3.07	3.87	403.79	1200.50	1780.99	1877.15
河北	2.11	3.22	4.04	5.44	123.90	422.46	1308.90	5391.36
山西	1.40	1.67	2.16	3.12	50.71	211.03	354.71	963.88

续表

省（市、区）	科技论文数量				新产品销售			
	2000 年	2005 年	2010 年	2017 年	2000 年	2005 年	2010 年	2017 年
内蒙古	0.64	0.78	1.31	1.97	25.86	137.68	221.60	563.98
辽宁	2.91	4.10	5.50	6.80	300.42	1174.34	2708.88	6422.44
吉林	1.72	2.73	3.90	5.09	144.44	411.09	1215.48	1712.39
黑龙江	2.03	2.04	4.02	4.49	92.84	279.10	553.25	775.68
上海	3.56	5.71	8.80	10.58	1351.64	2676.96	4973.84	7752.95
江苏	3.67	7.48	11.75	15.84	973.25	2165.41	5788.91	13917.00
浙江	2.29	4.32	5.81	7.04	509.14	1808.50	4821.33	15881.57
安徽	1.89	2.52	3.97	5.19	103.41	407.84	1516.44	5177.69
福建	1.61	2.11	2.66	4.14	194.58	934.08	1560.01	3157.90
江西	0.88	1.58	2.90	3.17	63.37	194.18	514.46	2304.37
山东	3.71	5.88	7.76	9.63	729.67	1955.04	6117.38	13083.45
河南	2.16	3.68	5.50	5.86	141.93	525.05	1370.20	4945.58
湖北	3.57	6.53	8.47	9.93	242.79	545.58	1628.93	4263.19
湖南	2.34	4.14	4.82	6.55	99.99	399.99	1632.74	5348.96
广东	3.75	5.74	7.89	12.28	841.53	2655.96	8372.10	25325.66
广西	1.09	1.99	2.92	2.94	119.49	286.25	805.79	1588.84
海南	0.15	0.29	0.57	0.79	2.72	8.81	77.25	92.17
重庆市	1.02	2.11	3.29	4.12	166.08	501.36	1697.12	2676.76
四川	2.40	4.39	6.67	8.69	203.11	501.20	1122.40	2959.35
贵州	0.65	0.70	1.63	2.17	22.43	70.41	224.42	288.94
云南	1.20	1.49	2.64	3.01	24.54	57.59	192.66	641.71
陕西	2.54	4.16	6.07	8.04	83.14	192.11	416.35	765.75
甘肃	1.10	1.66	2.60	2.68	31.84	75.29	315.23	326.11
青海	0.29	0.33	0.34	0.46	5.60	11.06	9.43	54.01
宁夏	0.28	0.38	0.73	0.85	12.59	20.06	57.55	180.90
新疆	0.59	0.99	1.81	2.19	7.45	19.47	196.62	281.02
总计	60.83	96.26	140.12	177.52	7637.20	20493.74	53102.01	130865.61

资料来源：《中国科技统计年鉴》（2001、2006、2011、2018）；《工业企业科技活动统计资料》（2001、2006、2011、2018）；《浙江科技统计年鉴》（2001、2006、2011、2018）。

首先，从总规模的分布来看，科技论文数量的产出多分布在东部地区。具体而言，以2000年为例，科技论文数量产出最多的前3个省份为北京、广东和江苏，科技论文产出量分别为7.46、3.75和3.67万篇，全部为东部省份；排名最后的3个省份分别为海南省、青海省和宁夏，科技论文产出量分别为0.15万篇、0.29万篇和0.28万篇，除海南外，青海和宁夏均为西部省份。新产品销售额最多的3个省份分别为上海、江苏和广东，新产品销售额分别为1351.64万元、973.25万元和841.53万元，新产品销售额最小的省份主要有海南、青海和新疆，新产品销售额分别为2.72万元、5.60万元和7.45万元，除海南外，青海和新疆均为西部地区。

其次，从时间维度来看，2000~2017年科技论文量增长幅度最快的为海南、江苏和重庆，增幅分别为5.27倍、4.31倍和4.03倍。除重庆外，海南和江苏均为东部地区。增幅最小的青海、山西和黑龙江，增幅分别为1.58倍、2.21倍和2.28倍，排名后3位的皆为东部和中部地区。新产品销售额与科技论文略有差异，增长幅度高的3个省份为河北、安徽和湖南，最低为北京、天津和上海，其主要原因为，新产品销售额排名靠前的省份过于巨大，导致增长幅度有限。

三、我国区域创新产出的空间基尼系数

为进一步分析我国区域创新产出的特征，本节利用空间尼基系数分别测算专利授权、论文数量和新产品销售的空间差异情况，空间基尼系数由克鲁格曼（Krugman）在1991年时提出，当时用于测算美国制造业行业的集聚程度，该方法应用较为广泛，其公式如（4-5）所示：

$$G = \frac{1}{2n^2\mu} \sum_{i=1}^{n} \sum_{j=1}^{n} (|x_i - x_j|) \tag{4-5}$$

其中，G为空间基尼系数，为地区i的某产业的相关指标（产值、就业人数、销售额、资产总额等）占全国该产业的比重；n为全国地区的数量。G的值在0~1，如果G的值越是接近0，那么该地区的产出分布越均衡；如果G的值越接近1，那么产出的分布差异越大。

由式（4-5）计算我国专利授权、论文数量和新产品销售的空间基尼系

数如表 4-10 所示。

表 4-10 我国历年区域创新产出空间基尼系数

年份 产出指标	2009	2010	2011	2012	2013	2014	2015	2016	2017
专利授权	0.648	0.649	0.655	0.650	0.622	0.600	0.584	0.573	0.571
论文数量	0.436	0.426	0.417	0.420	0.424	0.431	0.433	0.423	0.430
新产品销售	0.552	0.566	0.574	0.590	0.599	0.600	0.621	0.608	0.605

由表 4-10 可以看出，我国区域创新产出的区域差异呈现出先上升后下降的趋势。其中专利授权的空间基尼系数由 2009 年的 0.648 提高到 2012 年的 0.650，随后空间基尼系数开始降低到 2017 年的 0.571。以论文数量为代表的区域创新产出的空间基尼系数与专利授权相比有短暂下降的波动趋势，随后呈现出先提升后下降的趋势。具体而言，论文发表由 2009 年的 0.436 逐渐下降到 2011 年的 0.417，随后上升到 2015 年的 0.433，最后下降为 2017 年的 0.430。以新产品销售的区域创新产出与专利授权类似，空间基尼系数同样呈现出先上升后下降的趋势，但与专利授权相比有一定的时间滞后。新产品销售的空间基尼系数由 2009 年的 0.552 上升到 2015 年的 0.621，随后下降到 2017 年的 0.605。

2006 年我国颁布了《国家中长期科学和技术发展规划纲要（2006—2020）》，并提出自主创新、建设创新型国家战略。东部省份由于较好的经济基础在创新投入上的增长速度快于中、西部，因此其创新产出的增长也快于西部，因此导致区域创新产出的差异逐渐增加。具体而言，2009 年东部各地区 R&D 内部经费支出为 2188.18 亿元（以 2000 年为基准，下同），占全国 R&D 内部经费支出的 70.23%；中部地区的 R&D 内部经费支出为 563.63 亿元，占全国 R&D 内部经费支出的 18.09%；西部地区的 R&D 内部经费支出为 364.66 亿元，占全国 R&D 内部经费支出的 11.20%。到 2013 年，东部与中部和西部的 R&D 内部经费差距最大。其中东部各地区 R&D 内部经费支出为 3435.34 亿元，占全国 R&D 内部经费支出的 72.91%，与 2009 年相比上升了

2.68%。中部地区的 R&D 内部经费支出为 769.22 亿元，占全国 R&D 内部经费支出的 16.32%，与 2009 年相比下降了 1.77%。西部地区的 R&D 内部经费支出为 364.66 亿元，占全国 R&D 内部经费支出的 11.20%，与 2009 年没有变化。自 2012 年以来，随着我国经济增长进入新常态，我国 GDP 增长率由 2012 年的 7.7% 逐步下降到 2019 年的 6.1%，经济结构优化升级，从要素驱动、投资驱动转向创新驱动转变，各地区开始更加认识到创新驱动经济发展的重要性对创新投入量也开始增加。2014~2017 年东部与中部和西部的 R&D 内部经费支出差距逐渐缩小，截至 2017 年，我国东部地区 R&D 内部经费支出为 4977.75 亿元，占全国 R&D 内部经费支出的 71.95%，与 2013 年相比下降了 0.96%。中部地区的 R&D 内部经费支出为 1138.75 亿元，占全国 R&D 内部经费支出的 16.46%，与 2013 年相比上升了 0.13%。西部地区的 R&D 内部经费支出为 802.17 亿元，占全国 R&D 内部经费支出的 11.59%，与 2013 年相比上升了 0.83%。[①]

第三节 我国科技人才集聚与区域创新产出的相关性分析

相关分析是数据分析中经常使用的分析方法之一。通过对不同特征或数据间的关系进行分析，探索数据之间是否存在一定的相关关系。本节将用相关系数和简单的线性回归分析科技人才集聚与区域创新产出之间是否存在一定的联系。

一、相关系数分析

相关系数（Correlation Coefficient）是反映变量之间关系密切程度的统计指标，相关系数的取值区间在 1~-1。1 表示两个变量完全线性相关，-1 表示两个变量完全负相关，0 表示两个变量不相关。数据越趋近于 0 表示相关

---

① 以上数据均来自《中国科技统计年鉴》（2010-2018）。

关系越弱。以下是相关系数的计算公式。

$$r_{xy} = \frac{S_{xy}}{S_x S_y} \tag{4-6}$$

其中，r_{xy} 表示样本相关系数；S_{xy} 表示样本协方差；S_x 表示 x 的样本标准差；S_y 表示 y 的样本标准差。

本书利用该相关系数分析科技人才集聚与区域创新产出之间的关系，这主要是因为我国区域创新产出是绝对产出量，结果如表4-11所示。

表4-11　科技人才集聚与区域创新产出的相关性分析

		人均专利授权量	新产品销售量	科技论文量
科技人才集聚度	全国	0.645***	0.619***	0.664**
	东部	0.752***	0.745***	0.821***
	中部	0.634***	0.599***	0.741***
	西部	0.525***	0.645***	0.768***

注：**、***分别表示在5%、1%的水平上显著。

由表4-11可知，我国科技人才集聚区域人均专利授权量、新产品销售量和科技论文量均显著，从全国范围来看系数分别为0.645、0.619和0.664并且在1%和5%的水平上显著，说明科技人才集聚与各区域创新产出变量之间有明显的相关性，同时从东中西部来看，我国科技人才集聚依然与区域创新产出有较强的相关关系。

二、散点图分析

由于本书使用的是面板数据，涉及我国2000~2017年18个年份的30个省（市、区），因此，在通过散点图分析二者相关性时需要同时考虑地区和时间两个维度的相关性特征。其中地区维度是指在相同年份下，我国各省份的区域创新产出随科技人才集聚变化的趋势，时间维度是指同一个地区中区域创新产出随科技人才集聚变化趋势。因此，在本节分别以我国30个省份和年份为单位分析科技人才集聚与区域创新产出的相关关系。其中横坐标表示科技人才集聚度，纵坐标为区域创新产出，以每万人的专利授权量来表示，分析结果如图 4-3 和图 4-4 所示。

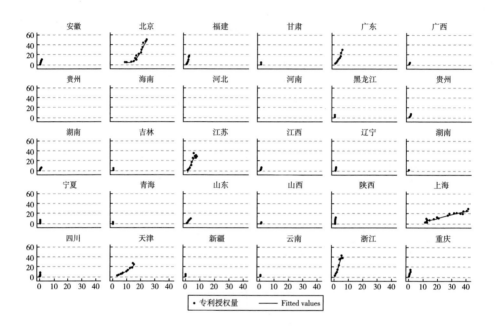

图 4-3　我国科技人才集聚与区域创新产出散点图（以省份为分析单元）

图 4-3 描述了我国以省份为单元的每万人专利授权量与科技人才集聚度之间的散点图与拟合曲线。由此可知，我国各省份的每万人专利授权量与科技人才集聚成正比。其中北京、天津、广东、江苏、上海和浙江相比于其他地区来说，每万人专利授权量、科技人才集聚都有较大的增长。而其他省份的每万人专利授权量与科技人才集聚的变化相对来说并不明显。这也说明近年来科技人才集聚的两极化趋势，北京、天津、广东、江苏、上海和浙江等多是沿海省市，在经济增长、基础设施建设、人才培养和人才政策方面比内陆省份都有较为良好的条件。因此，在区域创新和科技人才集聚的绝对规模上的发展也要快于中、西部地区。

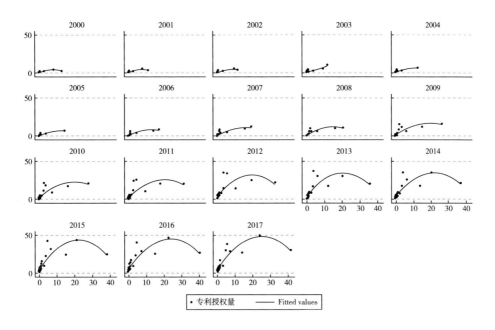

图 4-4 我国科技人才集聚与区域创新产出散点图（以时间为分析单元）

图 4-4 描述了 2000~2017 年地区维度随着科技人才集聚增加区域创新产出的情况。由图可知，在 2000~2009 年科技人才集聚对区域创新产出处于正相关的变化，随着科技人才集聚度的增加区域创新产出也随之增加。在 2010~2014 年的科技人才集聚与区域创新产出的拟合线呈现出倒"U"形的曲线。即科技人才集聚与区域创新产出之间的关系可以分为两个阶段：一是随着科技人才集聚的增加区域创新产出不断增加，两者处于正向变化阶段；二是随着科技人才集聚的增加区域创新产出开始下降，两者处于负向变化阶段。

本章小结

本章的主要内容为分析科技人才集聚、区域创新产出的特征以及两者的相关性，从总体把握两者的现状。由本章分析可知，目前我国科技人才的现状为科技人才的规模不断扩大，科技人才集聚的特征为东密西疏，而且在时间上表现为东部省份的增速快于中、西部。尽管从总体上来说，区域创新产出呈现出不断增长的态势，但在增长的同时表现出省域分布不均衡的特征。

第五章　科技人才集聚对区域创新产出的作用机理分析

本章主要分析科技人才集聚对区域创新产出的作用机理。共分为四节：第一节分析目前区域创新的相关理论；第二节主要分析科技人才集聚与区域创新产出的关联；第三节通过将科技人才集聚对区域创新产出的关联纳入区域创新产出的理论当中完善科技人才集聚对区域创新产出的影响框架；第四节根据科技人才集聚对区域创新产出的机理利用数理模型推导出具体的影响大小与方向，为下一步的实证分析做好理论基础。

第一节　区域创新系统理论分析

区域创新系统理论是指基于协同创新模式的区域创新系统理论。区域创新系统理论由国家创新理论发展而来，目前一个地区的创新模式主要分为三种：封闭式创新、开放式创新以及介于两者之间的协同创新（由封闭式创新向开放式创新的转变）。封闭式创新是过去相当长时间内的主要创新模式，由于过去国家的专利和知识产权的保护制度不到位，因此以企业为主的创新通常将创新的过程和结果视为机密，仅仅通过组织内部的科研投入来实现产品、技术或者管理的创新，以此取得在市场中的竞争优势。封闭式创新的优点在于通过对产品、技术或者管理的创新保护能够获得阶段性的垄断利润。这种方式一般以独立实验室的形式存在，并且在很长一段时间内对区域创新起到非常重要的作用。但随着科技技术的发展，单个组织内部积累的知识已很难达到区域创新对知识的要求。因此，企业为应对知识储备不足，同时也为了减少创新成本、缩短创新周期，企业开始从外部寻找创新所需要的资源。该模式的创新方式为企业从内部和外部获取创新所需要的知识和资源等，然后通过对创新资源的整合进行成果的商业转化，在他人或自身的使用中通过知识产权转化的过程受益，切萨布鲁夫（Chesbrough，2003）将其定义为开放式创新。该创新模式与封闭式创新相比，加速了创新资源的整合，实现了创新资源在企业内外部流动的速度，从而使区域创新的速度和成本可以降低，但是开放式创新也相应地降低了企业的创新意愿，尤其在知识产权保护不利的地区。

区域协同创新模式有狭义概念和广义概念的区别（王志宝，2013），区域协同创新狭义的定义是指在区域内部的企业、大学、科研机构、中介机构和政府等组织构成的区域创新系统，通过区域内打造的科技创新平台进行协同合作，最终实现区域内创新能力的提升和区域创新效益的最大化。广义的区域协同创新是指区域协调发展的高级阶段，主要为区域内部各地区的社会、人口、经济和环境等因素的相互协作，以此实现整个地区的效益在发展速度、结构和规模上的协同，最终通过区域协同创新来实现整个区域的协调发展，达到缩小区域内部各地区差距的目的。本书的区域协同创新是指狭义上的区域协同创新的定义。协同创新模式兼顾了封闭式创新和开放式创新的优点，打破了资源的使用边界，使知识具有在区域内部各机构流动的可能，同时也在一定程度上对区域创新进行保护。区域协同创新具有以下三个特征：一是创新的地点不再局限于企业内部，打破了企业的边界，协同创新强调创新是在企业、高校和科研机构之间进行资源的整合，经过不同组织的流动实现知识交流从而使创新收益最大化；二是协同创新有别于完全开放的区域创新模式，在协同创新的区域内部有比较开放的知识分享和资源整合平台，由此导致知识和资源等无摩擦流动，而在区域外部又会树立相对封闭的知识和资源边界，不会产生无效的知识外溢，这是介于完全开放和完全封闭之间的新的知识溢出对象；三是由于区域创新系统中的参与主体系统化的组织模式，该组织以区域创新产出最大化为目的，通过知识和其他资源的深度学习和整合，最终实现创新成果的过程。通过以上分析可以得出，协同创新是科技人才集聚能够发生效应的基础，只有允许科技人才在集聚后能够在组织内部和组织外部进行交流才能使知识得以传播和不断地被学习创新，尽管我国在区域创新体系的建设中仍然存在一些问题，但在实施创新驱动发展的战略前提下，各级政府在大学和科研机构等进行科研立项、减免税收、引进高端人才和大力引进 FDI 等措施，使区域协同创新体系的建设不断成熟和完善（吴昊、张天译，2016），因此也为本书进一步分析区域科技人才集聚后对区域创新产出的影响奠定了基础。

区域协同创新模式中企业、大学、科研机构、中介机构和政府等在区域创新的投入和产出过程中发挥着不同的作用。该系统有利于知识和资源等突破系统中创新主体的壁垒，实现知识和资源的汇聚与整合，这一机制的建立，使相互独立的机构和组织有了相同的目标和内在动力，各主体之间能够通过多种沟通手段，例如，直接对话和借助现代信息技术等，进行全方位的有效沟通和多样化协作，区域创新系统如图 5-1 所示。

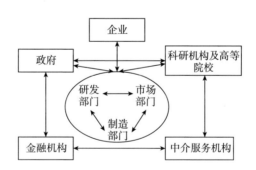

图 5-1　区域协同创新模式

图 5-1 构建了区域创新系统各个组成机构在区域创新系统中的作用，下面对系统中的每个组成部门进行分析。

一、企业

企业是技术创新的主要承担者，在区域协同创新系统中居于核心地位。

企业的规模决定一个企业的资金获取、对外界反应、内外部交流和科研能力，同时也决定企业利用自身力量创新和利用外部资源进行创新的能力。通常来说，规模较大的企业在市场中占有较高的产品份额，为维持自身在本领域的地位，对产品、技术等创新的意愿较强，因此企业会利用自己的资金和资源等优势，建立独立的研发部门，并与区域内的创新机构（科研机构和高等学校）进行合作，从事新产品、新技术的研发活动。规模较小的企业由于缺少资金的支持，通常难以建立专门的研究机构，但为了保持在市场中的活力和地位，一般会采取模仿大企业创新和开展投入较少资金的研发活动。除此之外，企业的创新部门会贯穿研发部门、市场部门和制造部门等，而这三个部门又通过市场与企业外的其他创新机构产生联系。

二、科研机构和高等院校

科研机构和高等院校在创新活动中占有重要的地位。科研机构和高等院校是知识传播和创造的承担者，科研机构通过新产品、新技术的开发和创新来推动区域创新。同时科研机构和高等院校也承担着为区域的企业培养和输送科研人才的重要角色，由此可以说科研机构和高等院校是区域创新的发源地，更为重要的是科研机构和高等院校拥有学科、人才、科研等在创新基础方面所需要的人力和物力优势，因此科研机构和高等院校不仅能为区域协同创新系统提供人才和科研成果，也能从不同方面与其他机构展开合作。

三、政府

本书的政府是指包括能够依法行使国家权力的一切机关单位，是广义上的政府。政府作为区域协同创新系统中的重要参与者，主要通过两个方面对区域协同创新系统产生作用：一是政府通过税收和财政支出、政策引导等宏观手段为区域内的创新主体营造良好的创新环境，此外，还会通过政府的力量打造创新共享平台；二是政府发挥市场机制无法完成功能，例如，在20世纪80年代中关村科技园刚刚起步时，我国的市场机制同样还不健全，政府通过一系列战略性政策调整，增强区域内组织和个人的活力，促使其开展多样化的灵活用人制度，使对科研人员的管制束缚得以放松，进而推动高科技企业的发展。

四、金融和中介机构

金融和中介机构首先是市场机制的载体，是区域创新主体中资源整合与互动的桥梁，金融和中介机构运行效率的高低直接决定区域创新主体中互动效率的高低。此外，金融与中介机构还是联系区域创新与经济发展的纽带，为区域创新过程和科技转化提供所需要的市场需求和资金配置效率的保障。

第二节　科技人才集聚对区域创新产出的关联分析

人才集聚是建立在人口集聚的基础之上，人才集聚先有物理上的集聚进而产生人才集聚效应，首先是人才集聚在物理集聚阶段具有空间性、聚类性和规模性的特征，其次是人才在物理集聚到一定程度形成人才集聚效应（牛冲槐，2006）。由此可将人才集聚效应定义为人才按照空间性、聚类性和规模性的特征在一定区域内进行聚集，在和谐环境下，这种人才相对集中所产生的作用大于各自独立作用的效应。从特征上来说，人才集聚效应是人才集聚的高级阶段，此外，人才集聚现象会产生正负两种效应：一是人才集聚的经济性效应；二是人才集聚的非经济性效应。本书借鉴牛冲槐（2006）的观点，将负效应归为人才集聚现象之中。

目前关于人才集聚效应的研究学者已取得较多成果，例如，张同全（2009）将人才集聚效应分为组织效应、环境效应和自身效应。牛冲槐（2006）得出科技人才集聚具有信息共享效应、知识溢出效应、创新效应、集体学习效应、激励效应、时间效应、区域效应和规模效应。其中，创新效应和集体学习效应为知识溢出的联动效应。刘思峰等（2008）通过对科技人才集聚的研究得出科技人才集聚会形成创新团队，分别在个体层面产生升值效应和抗风险效应，在团队层面形成团队协作效应、传承效应和马太效应，在社会层面形成羊群效应、加速器效应和示范效应。基于前人研究和新经济地理学的基础上，本书认为，科技人才集聚主要从知识溢出效应、时间效应、信息共享效应、规模效应和集聚成本五个方面得出科技人才集聚对区域创新产出的影响，其中前四个为正向效应，而集聚成本会反向影响前四项效应的大小。

就前四个效应来说，国外有较多学者得出知识溢出对区域创新产出有重要作用，例如，Jaffe（1989）就较早使用知识生产函数实证分析得出知识溢出对区域创新产出的作用，此外还有 Feldman（1994）和 Anselin 等（1997）均利用相关数据得出知识溢出对区域创新产出的重要作用。由此知识溢出效应为科技人才集聚中较为重要的集聚效应，知识溢出效应对区域创新产出的影响在四个效应中居于较为重要的地位。除此之外，时间效应和信息共享效应也与知识溢出效应有一定关联。本书在分析科技人才集聚对区域创新产出方面将此过程分为两个阶段：第一个阶段分析科技人才集聚如何产生相应效应；第二个阶段分析知识溢出效应、时间效应、信息共享效应、规模效应和集聚成本如何对区域创新产出产生影响。科技人才集聚对区域创新产出的影响如图 5-2 所示，接下来分别对知识溢出效应、时间效应、信息共享效应、规模效应和集聚成本对区域创新产出的影响进行分析。

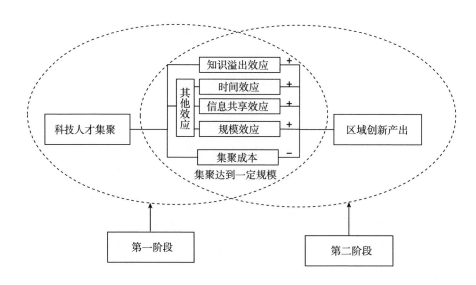

图 5-2　科技人才集聚对区域创新产出的影响

一、科技人才集聚通过知识溢出中介效应与区域创新产出的关联性分析

知识溢出是指包括信息、技术、管理经验在内的各种知识通过交易或非交易的方式流出原先拥有知识的主体。知识溢出源于知识本身的稀缺性、流动性和扩散性。对科技人才集聚的知识溢出效应本文借鉴勃兰特（Berliant，2006）的研究进行分析。

首先，科技人才的集聚不仅会体现在人才知识的"水平"方面交流，同时也会体现在知识的"垂直"方面交流。每一个主体都被赋予从集合 κ 中获得的特定类型的知识，这体现了社会现有的一套思想或知识类型。将 κ 定义为经济中的"知识空间"。知识空间可以包含可能的相关领域，如生物学、历史、物理学和经济学。因此可以将 $k \in \kappa$ 解释为个人的主要专业领域。同时规定区域中总科技人才数量为勒贝格测度 N[①]。由于 N 是经济中的科技人才知识类型在 κ 上均匀分布，每个知识的个体密度类型也由 N 给出。科技人才可以与其他人会面、协作和分享他们的想法，以创建新的知识，这使他们能够在匹配时更有效地生成新知识。

其次，考虑匹配的两个科技人才 k 和 k′（k，k′$\in \kappa$）相互交换信息。人才之间的异质性在共享信息和生成新知识方面起着重要作用。为了模拟异质性对知识交流过程的影响，考虑以下可能性，当两个人太相像时，他们就不能完成太多的工作，也不会创造出太多的新知识。两个人的知识差距太大，也无法创造新的知识。

定义 k 和 k′$\in \kappa$ 之间的知识距离为 d（k，k′），在该定义下，会存在一个恰当的知识距离：当两者之间的距离 $d < \bar{d}$ 时，知识创造增加；当两者之间的知识距离 $d > \bar{d}$ 时，知识创造减少。

对于科技人才 k，通过与 k′进行交流获得的知识表示为 S（k，k′），公式为：

$$S(k, k') = q_0 + s_0(a_0 - a_1 |\bar{d} - d(k, k')|) \tag{5-1}$$

[①] 勒贝格测度是赋予欧几里得空间的子集一个长度、面积或者体积的标准方法。它广泛应用于实证分析，特别是用于定义勒贝格积分。

其中，q_0 表示与对方交流中所获得的知识，与对方的知识类型无关。参数 a_1 反映了知识创造对具有不同专业知识或想法的代理之间的异质性的敏感性。a_0 反映了由思想差异导致的最大知识创造，而 S_0 是知识交换的正比例因子。假设 $S(k, k')$ 中的每个参数都是非负的。通过相互交流，个人提高了生产同质消费品的能力。利用他们额外的知识储备 $S(k, k')$ 能够进行产出，$y(k, k')$ 由以下公式给出：

$$y(k, k') = AS(k, k') \tag{5-2}$$

其中，$A>0$ 是一个比例因子，表示经济中的总体技术水平。此外，经济体中的每个人对同质消费品和流量效用有相同的偏好，具体如下：

$$U(y) = y \tag{5-3}$$

其中，y 是匹配和创建新知识时产生的输出消耗。此外，流量效用是暂时可分离的。个人做出如下所述的选择，以最大限度地发挥其预期的终身效用。

最后，科技人才会通过知识溢出的选择最大化期望效用预期，也就是说 $\bar{\delta}$ 是代理间最佳的多样性想法交换水平。单个代理对可接受匹配的选择称为知识传播 δ_k，$k \in k$。科技人才 k 知识溢出的均衡范围为：

$$R(k) \equiv [k - \bar{\delta} - \delta_k, \ k - \max\{0, \ \bar{\delta} - \delta_k\}] \cup [k + \max\{0, \ \bar{\delta} - \delta_k\}, \ k + \bar{\delta} + \delta_k] \tag{5-4}$$

在区域中的每个个体都以无匹配的身份寻找合作伙伴来交换想法。个体通过随机匹配的方式进行会面。让 U 表示不匹配个体的数量，让 M 表示经济中匹配个体的数量，其中，M=N-U。为了说明集聚环境如何产生更多的互动机会，我们假设匹配流由一种定义明确的随机匹配技术，该技术类似于标准随机匹配技术。也就是说，每个时间单位的匹配总数由函数 m（U，U'）给出，U 是指第一个区域的未匹配数量，U'是指第二个地区的未匹配数量。该函数的第一个参数是可以位于匹配第一个位置的不匹配个体的数量，第二个参数是可以位于第二个位置的不匹配代理的数量。如果有两个不同的群体，那么这两个立场或论点在可行的分配上可能会有所不同。但是，由于科技人才是对称的（任何科技人才都可以与其他科技人才见面），在可行的分配下，M 的每个参数中科技人才的数量是相同的，由此得出：

$$\mu(U)=m(U,U)/U=U^{\gamma-1}m(1,1) \tag{5-5}$$

进一步将公式进行简化，令 $\gamma=2$，$\alpha=m(1,1)>0$，因此可以将匹配公式化简为线性 $\mu(U)=\alpha U$。

此外，区域中的人才是随机配对的并且寻找合作伙伴来会面和交流想法。为了说明密集的经济环境如何产生更多的交互机会，我们假设未匹配的人才遇到另一个不匹配人才的流动概率为 αU 给出，且 $\alpha U>0$，其中，U 是经济中不匹配个体的数量。随着居住在特定区域的人才数量增加，个体之间的互动更加频繁，从而导致潜在的知识交流伙伴的到达率更高，创造知识的可能性也会更高（Marshall，1890；Kuznets，1962；Pred，1966；Jacobs，1969），即 $\beta(\delta_k;U)<\mu(U)$。

最后，科技人才集聚满足对称性：

$$\beta(\delta;U)=\mu(U)\left(\frac{\int_{R(k)}Udk'}{U}\right) \tag{5-6}$$

其中，$\int_{R(k)}Udk'$ 是指人才 k 可选择的潜在匹配的全部数量总和。由于思想多样性的最佳水平满足：$\bar{\delta}\geq2(q_0+s_0a_0)/s_0a_1$，所以人才选择的最大知识传播距离不会超过 $\bar{\delta}$，由方程（5-4）可以得到 $\int_{R(k)}Udk'=4\delta$。因此，可以得出 $\beta(\delta;U)=4\mu(U)\delta$。此时进一步分析可得：

$$\beta(\delta;U)U=\eta M=\eta(N-U) \tag{5-7}$$

此处 ηM 测算的是流入到不匹配人群中的科技人才。由方程（5-7）化简后的 $\beta(\delta;U)=4\mu(U)\delta$，最后可得 $U=\frac{\eta}{\eta+4\mu(U)\delta}N$。

在科技人才之间是存在相互交流的（稳态平衡是非退化的）情况下 $\hat{\delta}>0$。由此得出对称稳态平衡存在且唯一，其中稳态平衡知识扩散，求解以下方程：

$$N=\frac{r+\eta}{\alpha\eta\hat{\delta}}\left(\frac{q_0+s_0a_0-s_0a_1\hat{\delta}}{s_0a_1\hat{\delta}}\right)^2+\frac{r+\eta}{2\alpha}\left(\frac{q_0+s_0a_0-s_0a_1\hat{\delta}}{s_0a_1\hat{\delta}^2}\right) \tag{5-8}$$

在建立了经济稳定平衡的存在性之后，能够通过该式分析科技人才集聚程度对知识传播的信息流动模式是如何影响的，主要由基本模型中的外生人才规模来衡量。由此可以得出：

（1）较高的人口数量导致了较小的均衡知识传播但人均匹配流量越大（$\beta U/N$）。

（2）匹配效率的增加（α 越高）或匹配脱离率的降低（η 越低）会减少平衡知识的传播。

（3）较窄的知识（较高的 a_1）产生较小的均衡知识传播，而总体技术水平的变化对知识溢出没有影响。

直观地说，这是因为在人口密度较高的经济体中，找到其他不匹配因素的概率较高。因此，科技人才在知识交流中更具选择性。结果表明，较高群体质量的影响主导着较小知识传播的影响，这意味着当 N 较高时，即固定区域内科技人才规模较高时，每个科技人才的匹配流较高，知识溢出增多。

以上分析了科技人才集聚如何产生知识溢出效应，而知识溢出对区域创新产出的影响如上文所述已被较多的国外学者进行证实，较为有影响力的是Jaffe（1989）把空间因素引入知识生产函数中，通过计量模型的分析得出知识溢出对区域创新产出的作用，由此可以得出知识溢出会对区域创新产出产生影响。

二、科技人才集聚通过其他中介效应与区域创新产出的关联性分析

（一）科技人才集聚通过时间效应与区域创新产出的关联性分析

人才集聚的时间效应是指随着人才集聚的增加，知识应用周期会大大缩短。这主要是因为科学技术的不断发展与创新带来知识的更新换代，人才集聚后发生的知识溢出增加，导致科技人才群体中的知识和技术也随之不断更新，与之相对应的时效性也在提高。

在图5-2中所指的第一阶段，随着人才集聚产生的知识溢出导致知识流出原有的知识主体使整个地区内的科技人才知识量增加，由于时效性使知识溢出周期变短。在一定时期内，个人所拥有的知识和技能越先进，其作用也就越大；反之，如果不重视知识和技能的更新，在新的社会环境条件下，个

人所拥有的知识和技能就会落伍，其独立作用就会降低，影响人才集聚的加总效应。在知识经济时代，知识和技能的更新速度不断加快，人才集聚效应的时效性和周期性表现也会越来越强。在第二阶段，时间效应能够使创新产品的周期缩短，增加区域创新产出。由于新技术新产品的时效性问题，科技人才集聚的时间效应能够很好地减少时效性创新产品的风险，从而增加区域创新产出。随着科学技术的更新加快，较长的产品和知识周期会加大产品和知识的不确定性，而不确定性便会增加创新产出的淘汰率。如产品创新主要为需求拉引型，市场需求—构思—研究开发—生产—投入市场—反馈—产品完善—再次投放市场。在此过程中，由于人才集聚的时间效应能够缩短此周期，因此，达到降低产品创新风险，增加区域创新产出。

（二）科技人才集聚通过信息共享效应与区域创新产出的关联性分析

信息共享效应是指在人才聚集条件下信息获得者会提供免费或者价格低廉的信息。在图 5-2 中所指的第一阶段，随着人才向某一地区持续地聚集，人才在区域内的集聚程度不断提高，区域内拥有的信息越丰富，信息共享效应的可能性越大，此外，集聚降低了人才在空间和时间两个维度中交流和信息分享的门槛，即人才之间的共享信息的成本不断下降，与此同时，随着互联网的发展，信息传播的边际成本得到进一步降低，信息传播的形式也得到多样化发展，这些都为信息共享效应提供了基础。在第二阶段，信息共享效应是知识创新和技术创新的基础。知识创新和技术创新是循序渐进、累积叠加的过程，分散的知识和间断的技术积累很难形成创新。而科技人才集聚的信息共享效应一方面提供了信息分享的可能，另一方面是信息分享导致的信息成本下降会形成良性循环，使区域的信息越发丰富，从而为知识创新和技术创新打下基础。

（三）科技人才集聚通过规模效应与区域创新产出的关联

规模效应是事物从量变到质变变化的关键点，图 5-2 所指的第一阶段，科技人才分布在单人单地区，不可能产生人才集聚的规模效应。当人才集聚达到一定规模程度时，人才与人才之间、人才与资源之间、人才与内外创新要素之间的交流增多，可以将必要的事务程式化、管理制度集约化、共享模式规范化等手段减少因集聚增加的摩擦和损失。此外，本书所指的规模效应既有固定区域内人才规模不断增加导致的绝对规模效应，又指人才规模在不变情况下随着活动范围缩小，导致的人才规模扩大的相对规模效应，这与本书第一章中人才集聚的定义相统一。在第二阶段，规模效应是其他效应的前提，同时也是区域创新产出的保证。科技人才集聚的效应发生在一定的集聚水平之上，是从科技人才单纯的数量集聚到发生质变集聚的节点。同时随着科技人才集聚的规模效应要素之间的交流增多，信息交流与共享的力度增强，共享知识的数量会增加，能够提高知识拥有程度及外部创新资源，同时通过必要的规范化措施，产生更大程度的科技人才集聚规模效应。

（四）科技人才集聚通过集聚成本与区域创新产出的关联性分析

科技人才以过高的密度集聚会造成高层次人才的才智不能得以充分发挥，即出现大材小用、人才贬值的现象。从人力资本处置权的特殊性角度分析，当人才过度集聚致使人才的利益受损时，人力资本会迅速及时地"关闭"或"部分关闭"，由于"信息不对称"这种行为具有极大的隐蔽性，很难被发现，在人力资本密集型产业中更为突出。这种处置行为具有暂时性，当"侵害"解除时，会自动恢复或者"侵害"；当内部不能解除时，可通过合法手段消除侵害，如可以另谋其职或独自创业，这种自贬行为会自然消亡。即人力资本处置权的隐蔽性和暂时性迫使人才进行流动，在流动到合适位置之前会造成人才的边际效应递减。

第三节　纳入科技人才集聚的区域创新产出框架分析

基于上述区域创新系统和科技人才集聚与区域创新产出关联性分析，本书构造纳入科技人才集聚的区域创新产出框架。

将基于协同创新的区域创新系统进行了重新归纳和梳理，在协同创新的区域创新系统中，企业、政府和科研机构（包括高校）等组成的创新主体，此外加上金融服务等创新中介构成整个创新系统。将科研院所和高校分离，外加企业构成创新的直接主体，而将政府和金融机构等单独列出构成创新的支撑环境,这也与一些学者的分析趋于一致(郑艳民,2012;白俊红等,2015)。此外,将科技人才集聚作为与创新主体投入和创新环境支撑相同层次的要素纳入到模型当中,构造纳入科技人才集聚后的区域创新产出框架如图5-3所示。

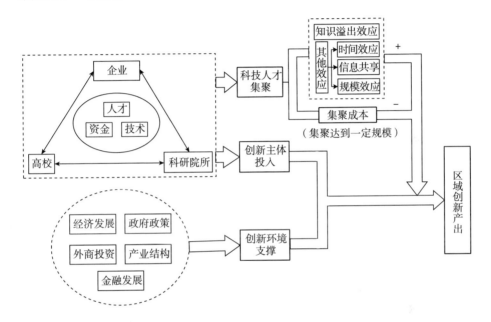

图5-3 纳入科技人才集聚后的区域创新产出框架

首先,将企业、高校和科研院所作为区域创新主体单独列出是明确创新产出的主体,其中企业是产品创新、管理创新的主要承担者,高校和科研院所主要为知识创新和理论创新单位,企业、高校和科研院所优势互补。基于协同的区域创新系统主体需了解自己的优势和劣势,形成主体间优势和劣势互补,共同促进区域创新产出提高的目标。尽管企业的优势在于资金资源和市场导向的创新需求,但在知识和科研创新方面存在劣势,而高校和科研院所的优势在于人才、知识和科研创新。因此区域创新主体间通过协同互动,企业将创新和科研需求以及所需的资金给高校的科研院所,而高校和科研院所利用自身的人才、知识和科研优势帮助企业实现产品和技术创新,在促进区域创新资源合理配置的同时,也促进区域科技创新产出的提升

（Gulbr，2005）。

其次，将科技人才集聚与创新主体和创新环境作为同一层次的要素纳入该系统当中。科技人才集聚与区域创新人才规模投入有一定的联系，其联系在于从时间维度和固定区域的角度来看，科技人才集聚越大的地区其创新主体的科技人才投入越多。但科技人才集聚与区域创新人才规模也有较大的不同，其不同在于科技人才集聚除了与科技创新投入相关外，还与科技人才所处的地区相关；从不同地区的横向比较来看，即使两个地区具有相同的科技人才数量，如果所处的地区具有不同的大小，其集聚效果也会因为科技人才集聚的不同而不同，这与第一章中的人才集聚的定义相一致。由于科技人才集聚主要从知识溢出效应、时间效应、信息共享效应、规模效应四个方面对区域创新进行影响，而这四个方面均会由于集聚面积的不同而对集聚效应产生不同的影响，由此看出科技人才集聚可以作为独立的因素对区域创新产出产生影响。

最后，确定创新环境支撑主要包括经济发展、政府政策、外商投资、产业结构和金融发展五大要素（张建伟等，2020；李政等，2018；桑瑞聪等，2011；方大春，2018；高星等，2018）。

经济发展是社会经济变化的主要表现，包括微观层面的消费者收入水平、消费者支出模式和宏观层面的消费结构、经济增长、经济体制地区和行业发展状况、城市化程度等多种因素。一个地区乃至一个国家经济发展的一般模式为经济规模从无到有，从依靠资源发展到引进技术发展最后走向自主创新的发展道路，因此区域创新推动经济发展是建立在经济发展到一定规模之后的驱动方式，由此可知，经济的发展必然会推动区域创新的发展。

政府对区域创新系统的支持作用在于政府能够在创新系统中降低创新主体信息搜寻成本、为主体创新活动提供便利、降低创新主体交易成本等作用。此外由于政府通过税收等掌握较多的资金，因此政府能够在创新主体缺乏研发资金时给予帮助，或者某些创新活动具有公共物品属性，企业等商业机构缺少创新投入的动力，即市场失灵时政府可以通过直接投资或者购买的形式使项目得以实现。

外商直接投资也是区域创新的重要因素，发展中国家通常面临资金匮乏、技术落后的局面，但发展中国家有丰富的劳动力和广阔的市场。因此，通过外商直接投资一方面能够解决东道国资金和技术的困境，另一方面还能够提高东道国劳动力的素质和技能，此外还能够通过示范效应、竞争效应和关联效应（罗军和陈建国，2014）等途径产生技术转移和外溢效应，从而使东道国提高了对研发资金的投入，提高技术水平和组织效率，从而提升东道国的技术创新能力。

产业结构对区域创新产出的促进作用已有学者研究后得出肯定性的结论（Antonelli，2004；Zweimüller，2005）。一方面，产业结构优化的地区能够吸引高技术产业企业向该地区聚集，进而促进新兴产业的发展。相应地，区域产业升级能够深化劳动分工，提高劳动效率，进而推动企业自主创新（Hatipoglu，2012），推动区域创新绩效的提升。另一方面，高产业结构的区域为新知识和新技术的应用提供了更广阔的市场，为区域创造了巨大的创新需求，极大地促进了区域创新绩效的提高。

金融发展是个复杂的概念，包括社会经济生活的方方面面。金融发展主要通过两个途径对区域创新进行影响：一是银行等金融机构能够通过提供资金等资本要素，帮助企业、科研机构等创新主体通过融资在更大规模上进行创新生产活动，进而增加区域创新产出；二是指以证券市场为代表的金融市场，通过有效改善外部融资环境，充分发挥价格机制的信号发送功能，为企业研发提供募股筹资、发行债券筹资等金融服务，实现金融资源的有效配置，促进地区的研发创新产出水平。金融环境通过金融工具会对市场机制发挥在资源配置过程中的引导作用，实现资源的效用最大化，从而对区域创新产出产生影响（李阳，2015）。

第四节　科技人才集聚对区域创新产出影响的理论推导

为进一步说明我国科技人才集聚对区域创新产出的影响，本节借鉴知识生产函数（Griliches，1979），构造区域创新产出函数，区域创新产出是由科技人才规模投入（来自企业、研究机构和高校）、创新资本投入、科技人才集聚效应（知识溢出效应与其他效应）以及创新环境因素影响。需要从两点给予说明：一是本书主要讨论科技人才集聚对区域创新产出的影响，因此分析的前提如第一章人才集聚概念所述，人才集聚是指人才规模在一定前提下，由于人才活动范围不同导致集聚程度不同的现象，即在分析人才集聚影响时人才的规模保持不变；二是由于知识溢出已被证明对区域创新产出有较大作用（Jaffe，1989），因此将知识溢出作为中间变量，其他环境变量作为常量纳入模型之中。由此构建区域创新产出的理论模型为：

$$Y = N + A\alpha L^{\beta_1} K^{\beta_2} E^{\beta_4} \int_0^{\mu} S_i^{\beta_3} di, \quad 0 < \beta_1, \ \beta_2, \ \beta_3 < 1 \tag{5-9}$$

其中，Y 表示创新产出，N 表示即使没有集聚效应前提下的固定创新产出，A 表示常数，L 表示科技人规模投入，K 表示资本投入，E 表示创新环境，μ 表示科技人才集聚，S_i 表示不同类型人才的知识溢出程度，$\int_0^{\mu} S_i^{\beta_3} di$ 表示在不加限制的情况下，知识溢出与科技人才集聚呈正向关系（本章第二节），科技人才集聚水平对应知识溢出的区间为 [0，u]。为简化运算，将知识溢出这一概念均等化，在均衡时 $S_i = S$，所以由式（5-9）可得最终创新产出函数为：

$$Y = N + A\alpha L^{\beta_1} K^{\beta_2} E^{\beta_4} \mu S^{\beta_3} \tag{5-10}$$

科技人才集聚的收入主要由 w_1 和 w_2 两部分组成。w_1 是由投入科技人才数量后的收入，由劳动经济学的供求关系决定，当科技人才投入较低时，科技人才的工资投入较高；当科技人才投入较高时，科技人才的工资较低。w_2 是由于科技人才集聚的知识溢出而产生的单位工资收入，与科技人才集聚的知识溢出 S 相关，虽然知识溢出具有外部性，但科技人才在交流与匹配中需要付出成本，而 w_2 即为弥补科技人才在获取知识时搜寻和匹配花费的成本（Berliant，2006）。科技人才集聚对区域创新资本投入折旧率为 δ，本书讨论的为集聚形态，将地区的科技人才投入作为一个不变量，即 L 不变，又由于 E 为常数，不妨假设 E = 1，则最终地区创新产出如下：

$$\max \quad A\alpha L^{\beta_1} K^{\beta_2} \mu S^{\beta_3} - w_1 \times L - w_2 \times S - \delta \times K \tag{5-11}$$

将式（5-11）对 S 求导可得：

$$w_2 = A\alpha\beta_1 L^{\beta_1} K^{\beta_2} \mu S^{\beta_3-1} \tag{5-12}$$

就科技人才的视角而言，假设科技人才在本地的成本与集聚相关为 r（u），在本地的收入主要来自工资。因此，科技人才在本地的集聚净收益为：

$$R = w_1 \times L + w_2 \times S - r(\mu) \times S - h \tag{5-13}$$

其中，$r(\mu) \times S$ 表示科技人才集聚时为知识溢出所付出的成本，尽管知识溢出是在知识分享中的外溢，但根据前文所述，科技人才需要通过寻找匹配的方式进行知识分享，在此过程中需要付出相应的成本。其中，$r(\mu)$ 表示获取一单位知识溢出所需要消耗的成本，S 表示知识溢出总量。h 表示与科技人才集聚无关的固定成本，主要有必要的物质生活和精神生活的支出。假设科技人才可以自由流动，地区之间不存在因为户籍、社保等因素造成的流动障碍，这是由于科技人才与普通劳动力有一定区别，科技人才在流动时流动障碍明显小于普通劳动力。当本地科技人才的净收益与其他地区的科技人才净收益均等时，科技人才不再发生流动。设科技人才在外地的均衡净收益为 m，则科技人才不发生流动时的均衡收益为：

$$w_1 \times L + w_2 \times S - r(\mu) \times S - h = m \tag{5-14}$$

在式（5-14）中，使科技人才不发生流动的最低要求为 m=0，此外我们假设 $w_1 \times L$ 产生的收入主要是用于科技人才的固定支出，即 h，那么要使 m=0 至少因集聚而产生的收益要等于因集聚发生的成本。因此，得到科技人才因集聚而产生的收益为：

$$w_2 = r(\mu) \tag{5-15}$$

式（5-15）表示在 h，m=0 的情况下，科技人才流动本地最低条件为收入等于本地的集聚成本，将式（5-15）代入式（5-12）得：

$$r(\mu) = A\alpha\beta_1 L^{\beta_1} K^{\beta_2} \mu S^{\beta_3-1} \tag{5-16}$$

式（5-16）是用带有科技人才集聚的生产函数来表示科技人才留在本地的关系函数。根据式（5-16）可得：

$$S = \left(\frac{r(\mu)}{A\alpha\beta_3 L^{\beta_1} K^{\beta_2} \mu} \right)^{\frac{1}{\beta_3-1}} \tag{5-17}$$

将式（5-17）代入式（5-12）得：

$$Y = N + A\alpha L^{\beta_1} K^{\beta_2} \mu \left(\frac{r(\mu)}{A\alpha\beta_1 K^{\beta_2} \mu L^{\beta_1}} \right)^{\frac{\beta_3}{\beta_3-1}}, \quad 0 < \beta_1, \ \beta_2, \ \beta_3 < 1 \tag{5-18}$$

由式（5-10）对集聚 μ 求导可得：

$$\frac{\partial Y}{\partial \mu} = (A\alpha)^{\frac{1}{1-\beta_3}} \beta_3^{\frac{\beta_3}{1-\beta_3}} K^{\left(\beta_2 + \frac{\beta_3\beta_2}{1-\beta_3}\right)} L^{\left(\beta_1 + \frac{\beta_1\beta_3}{1-\beta_1}\right)} \left(\frac{\beta_3}{\beta_3-1} r(\mu)^{\frac{-1}{1-\beta_3}} r'(\mu) \mu^{\frac{1}{1-\beta_3}} \frac{1}{\beta_3-1} r(\mu)^{\frac{\beta_3}{1-\beta_3}} \mu^{\frac{-\beta_3}{1-\beta_3}} \right)$$

$$\tag{5-19}$$

式（5-19）中 $(A\alpha)^{\frac{1}{1-\beta_3}} \beta_3^{\frac{\beta_3}{1-\beta_3}} K^{\left(\beta_2 + \frac{\beta_3\beta_2}{1-\beta_3}\right)} L^{\left(\beta_1 + \frac{\beta_1\beta_3}{1-\beta_3}\right)}$ 始终为正，所以 $\frac{\partial Y}{\partial \mu}$ 的符号取

决于式（5-19）中括号内 $\left(\frac{\beta_3}{\beta_3-1} r(\mu)^{\frac{-1}{1-\beta_3}} r'(\mu) \mu^{\frac{1}{1-\beta_3}} - \frac{1}{\beta_3-1} r(\mu)^{\frac{\beta_3}{1-\beta_3}} \mu^{\frac{-\beta_3}{1-\beta_3}} \right)$ 的符

号，进一步计算可得：

当 $\frac{r'(\mu)}{r(\mu)}\mu < \frac{1}{\beta_3}$ 时，$\frac{\partial Y}{\partial \mu} > 0$；当 $\frac{r'(\mu)}{r(\mu)}\mu > \frac{1}{\beta_3}$ 时，$\frac{\partial Y}{\partial \mu} < 0$。随着科技人才集聚度

的增加，单位科技人才集聚 μ 对 $r(\mu)$ 的弹性 $\frac{r'(\mu)}{r(\mu)}$ 不断增加，科技人才集聚

对区域创新产出的影响也随着集聚水平的提高先是产生正向影响，随后影响
逐渐减弱，最后甚至产生负向影响。

　　根据上述公式推导，随着科技人才集聚的不断增加，在其他对区域创新
产出的影响因素保持不变的前提下，科技人才集聚对区域创新产出的影响总
体上呈现倒"U"形特征。总的来说，倒"U"形的解释是一定规模的科技
人才随着集聚的增加，科技人才交流开始方便和频繁，知识溢出开始增
加，对区域创新的影响逐渐增加。但随着集聚程度的不断增加到一定程度
后，集聚作用开始表现出"过犹不及"现象，作用开始下降，这主要是因为
人地关系开始紧张，同时人才过度集聚会"搜寻"和"匹配"的成本开始上
升（"搜寻"和"匹配"是指科技人才寻找与自己知识容易产生知识溢出的
那部分人，当知识太过相似和相远时，均不容易发生知识溢出；只有合理的
知识"距离"才容易产生知识溢出，而人才过度集聚后由于人才资源的过度
集中，竞争作用大于协同作用，"搜寻"和"匹配"的意愿开始下降，意味

着成本上升），人才集聚的知识溢出效应开始由最高点下降。在具体分析
中，将科技人才集聚对区域创新产出的影响分为四个阶段[①]（注：本书理论
分析在科技人才集聚对区域创新产生影响的基础上，在第一阶段左边和第四
阶段右边为科技人才集聚对区域创新产出未产生影响和对产出产生小于非集
聚状态时的情况，这两种情况并非重点，不做过多分析），如图 5-4 所示。

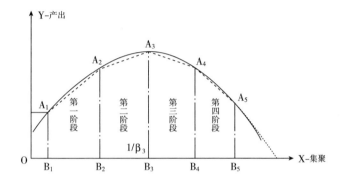

图 5-4　科技人才集聚对区域创新产出的影响分析

根据公式推导，当 $\dfrac{r'(\mu)}{r(\mu)}\mu < \dfrac{1}{\beta_3}$ 时，科技人才集聚对区域创新产出产生正
向影响，此时可以分为第一阶段和第二阶段（第一阶段之前，OB_1 为不发生
集聚也会产生的创新产出）。

第一阶段为线段 B_1B_2，科技人才集聚的初级阶段，主要表现为科技人才
集聚程度较低，因此集聚成本基本可以忽略，但科技人才集聚效应，如知识
溢出、时间效应等，由于集聚初期而产生较强作用，由此导致对区域创新产
出的边际效应较高，边际效应的具体值可以近似的等于 A_1A_2/B_1B_2（A_1A_2、
B_1B_2 均为线段，下同）。

第二阶段为 B_2B_3，此时随着科技人才集聚程度的增加，科技人才与其他
人会面、协作和分享他们的想法时知识溢出会随着科技人才集聚的增加而增
加，由于集聚成本的增加，科技人才集聚时的知识溢出的增长程度逐渐减小。

[①]　科技人才对区域产出的影响也可以更细分为 6 个或 8 个阶段，但分析思路等同于 4 个阶段。

但科技人才集聚对区域创新产出的作用仍然为正，但其边际效应，即 A_2A_3/B_2B_3 小于第一阶段，科技人才集聚对区域创新产出的边际作用开始下降。

当 $\dfrac{r'(\mu)}{r(\mu)}\mu > \dfrac{1}{\beta_3}$ 时，科技人才集聚对区域创新产出产生边际影响为负，此时可以分为第三和第四阶段（第四阶段之后表示过度集聚产出低于非集聚阶段）。

第三阶段为 B_3B_4，此时科技人才集聚对区域创新产出的边际效应由正向转变为负向，主要原因首先是由于在集聚达到一定程度后科技人才通过搜寻"知识空间"和"距离"时会面、协作的成本会增加，因此知识溢出会在到达最顶点后随着科技人才集聚的增加而减少，还有就是由人地关系决定成本的增加，科技人才越多对资源、环境等物质和精神的要求越高，而在固定区域下其资源和环境等承载力有限，由此导致成本的不断增加，最后导致区域创新产出减少。科技人才集聚对区域创新产出的边际效应为负的 A_3A_4/B_3B_4。

第四阶段为 B_4B_5，科技人才因集聚而产生的成本进一步增加，而科技人才集聚效应的增加程度低于科技人才集聚成本，此时科技人才集聚对区域创新产出的边际效用为负的 A_4A_5/B_4B_5，由于此时科技人才集聚程度已经远远大于 $1/\beta$，所以对区域创新产出的负向边际效应程度也高于第三阶段的边际效应的负向影响。

现实中也可以通过数据分析对科技人才集聚对区域创新产出的非线性影响进行大致分析。以 2017 年为例，绘制我国各省市科技人才集聚与区域创新产出的散点图和趋势拟合图，如图 5-5 所示。

在图 5-5 中，横坐标表示科技人才集聚度，纵坐标中图（a）表示的是以专利授权量为代表的全国 30 个省份的区域创新产出，从趋势拟合线（Fitted values）可以看出，区域创新总产出与科技人才集聚表现出倒"U"形特征，集聚度在 20 左右是科技人才集聚对区域创新产出影响的最高点，但用区域创新总产出与区域科技人才集聚的分析又存在较大弊端，主要是不同省份的大小不同，由此对区域创新的投入有很大差距，从而对区域创新产出有很大影响，简单分析科技人才集聚对区域创新产出的影响存在较大偏差。因此在图 5-5（b）中，纵坐标改为人均区域创新产出，尽管该指标不能完全消除

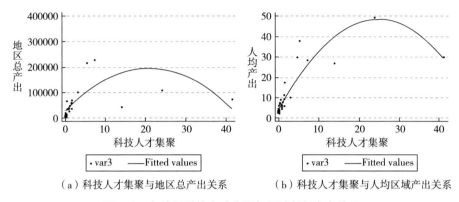

（a）科技人才集聚与地区总产出关系　　（b）科技人才集聚与人均区域产出关系

图 5-5　各地区科技人才集聚与区域创新产出关系

其他变量变化（如科技人才投入、创新环境变化）对区域创新产出的影响，但人均区域创新产出会减少其他变量对其影响，在图5-5（b）中可以看出，科技人才集聚与人均区域创新产出仍然存在倒"U"形特征。与理论分析接近一致，但该分析仅仅是数理上的简单推演，科技人才集聚对区域创新产出的影响是否真的产生非线性影响还需要在后续的章节中进行实证分析。

本章小结

本章首先分析区域创新理论的主要内容，基于协同创新的区域创新理论是目前为止较为全面地对区域创新理论的总结。其次分析科技人才集聚与区域创新产出的关系，本书认为，科技人才集聚主要通过知识溢出效应、时间效应、信息共享效应、规模效应等对区域创新产出产生正向影响。除此之外，科技人才集聚成本会对区域创新产出产生负向影响。通过借鉴区域创新理论和科技人才集聚与区域创新产出的关联分析，提出了科技人才集聚对区域创新产出的分析框架。最后在分析框架的基础之上，通过抽象的理论分析，得出科技人才集聚对区域创新产出产生倒"U"形影响。即当科技人才集聚较小时，科技人才集聚对区域创新产出产生较强的正向影响。随着科技人才集聚的不断增加，集聚成本开始显现，此时会对区域创新产出产生负向影响。

第六章 科技人才集聚对区域创新产出影响的实证研究

通过第五章的理论分析，得出科技人才集聚对区域创新产出的影响为倒"U"形曲线，并且科技人才集聚主要通过知识溢出效应、时间效应、信息共享效应和规模效应等对区域创新产出产生影响。本章就科技人才集聚对区域创新产出的非线性关系以及对集聚效应进行实证分析。

第一节 模型方法的选择及原理

本章的实证研究主要解决三个问题：第一，科技人才集聚是否对区域创新产出产生影响；第二，在科技人才集聚对区域创新产出影响的基础上是否存在非线性特征；第三，检验科技人才集聚对区域创新产出的影响是否由知识溢出效应、时间效应、信息共享效应和规模效应等中介效应对区域创新产出产生影响。为解决以上问题，本章的模型选择见图6-1所示。

首先，运用门槛回归的一个作用是通过对科技人才集聚和区域创新产出进行空间相关性分析，这是由于本书的数据为省份数据，该宏观数据涉及空间分布和大小属性，因此可能会存在空间关联的特征，其目的是对回归分析时是否采用空间模型进行判断。如果数据之间存在空间关联则采用空间门槛回归，如果不存在空间关联则采用普通的门槛回归，采用门槛回归的作用是分析科技人才集聚对区域创新产出的影响是否存在一个突变，从而对第五章

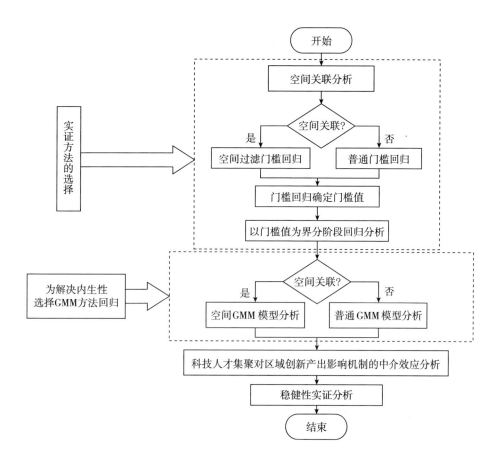

图 6-1 科技人才集聚对区域创新产出的模型选择

分析的科技人才集聚对区域创新产出的倒"U"形影响进行印证,如果存在门槛效应,那么说明科技人才集聚对区域创新产出确实有非线性影响;如果没有门槛效应,那么说明科技人才集聚对区域创新产出的影响不存在突变,用线性模型即可分析两者的关系。

其次,运用门槛回归的另一个作用是通过门槛回归确定门槛值,以门槛值为界分阶段进行回归。在分阶段回归中,通过门槛值将科技人才集聚分为高集聚阶段和低集聚阶段并且分别进行回归,在高集聚和低集聚阶段分析时,由于科技人才集聚与区域创新产出会存在内生性问题,为解决这个问题,本书利用广义矩(GMM)模型,该模型通过滞后项来避免因变量互为因果导致的内生性现象。在具体的应用中,如果存在空间关联,那么采用空间

GMM 模型，如果不存在空间关联则采用普通面板 GMM 模型。

在分析完科技人才集聚对区域创新产出的影响之后，本章利用因果步骤法分析科技人才集聚对区域创新产出的中介效应，进而利用经济矩阵和地理距离矩阵对科技人才集聚对区域创新效应的稳健性进行分析。

第二节　数据来源和变量选择

根据第五章中提出的人才集聚对区域创新产出的理论模型，在科技人才集聚的基础上还有其他要素对区域创新的影响，根据区域协同创新模式影响区域创新产出的因素有科技人才投入、资本投入、政府、中介服务机构等。为避免遗漏重要变量，根据第五章的分析以及其他相关学者的研究得出区域创新的影响还有经济发展（张建伟，2020）、产业结构（曾婧婧，2019；李健，2015；方大春，2018）和外商直接投资（桑瑞聪，2011）等因素。因此，选取除西藏以外的全国 30 个省（市、区）2000～2017 年的面板数据。数据来源主要为《中国科技统计年鉴》和《中国统计年鉴》，各变量以 2000年为基期，下同。指标选择如下：

一、因变量

区域创新产出（INNO）。国内外文献有多种度量技术创新产出的方式，包括专利授权量、专利申请量、科技论文产出量、高新技术产品出口比重、新产品销售收入等，其中专利数量（专利授权量、专利申请量）和新产品销售量是衡量技术创新能力的常用指标。专利具有审核标准严格、数据全面易获取等优点，且以往研究表明，专利和创新能力的关系十分密切。李平、刘雪燕（2015）的研究表明，专利授权数剔除掉了专利申请数中不具代表性、未被授权的发明，用来衡量技术创新能力更为科学。新产品销售收入可以反映从创新到产业化的全过程，较好地体现创新活动的市场价值。此外，科技论文产出量也是区域创新产出的重要指标。基于此，本书选择各省份每万人历年专利授权量、新产品销售和科技论文产出来衡量我国各省份的区域创新能力。

二、核心自变量

科技人才集聚（AGG）。科技人才集聚是最重要的核心指标，是指单位空间内科技人才分布的集中程度，衡量集聚的指标有很多：区位商、水平集群区位商、区位基尼系数等，这些相对指标无法就本地区在时间上的集聚度变化给予反映。而科技人才密度指标，既能反映该地区科技人员数与土地面积的比值，反映出单位面积上承载的科技人才数量，又能反映出时间上的变化。因此其计算公式为：

人才集聚度 = P_i/S_i

其中，P_i 表示 i 地区的科技人才数量；S_i 表示 i 地区的土地面积，本书使用各省市的建成区面积。这里的科技人才数量是各地区从事 R&D 的研究人员全时当量，数据来自《中国科技统计年鉴》。

三、其他控制变量

（一）创新资本投入（CAPI）

采用研发资本存量衡量资本积累，并用永续盘存法进行计算。具体计算公式为 $INPU_t = (1-\delta) INPU_{t-1} + RDt$，$\delta$ 为研发资本折旧率，参照李平（2007）的研究，设定 δ 为5%。RDt 指研发经费，基期2000年的研发资本存量为 $INPU_{2000} = INPU_{2000} / (\delta+g)$，其中 g 为各区域2000~2017年研发经费平均增长率，数据来自《中国科技统计年鉴》。

（二）科技人才规模（SCAL）

根据知识生产函数，科技人才规模作为区域创新人力投入的主体，对区域创新产出有较为重要的作用，采用各省份的每万人的科技人才数量来作为科技人才规模的变量，数据来自《中国科技统计年鉴》。

（三）经济发展（PGDP）

创新需求与经济发展水平密切相关，经济发展水平越高的区域创新的需求越强。经济发展即包括微观层面的消费者收入水平、消费者支出模式和宏观层面的消费结构、经济增长、经济体制地区和行业发展状况、城市化程度等多种因素。经济发展水平越高，创新资本投入的资金来源也将越充裕。本书利用人均 GDP 来反映一个地区的经济发展水平，数据来自《中国统计年鉴》。

（四）政府政策（GOV）

政府对区域创新的支持通常是科技人才发挥作用的重要因素。展晖（2017）通过灰色关联分析得出衡量政府政策的指标有科技支出占政府总支出比重、R&D 经费支出占 GDP 比重和技术市场成交额。陈书洁（2011）利用 R&D 经费投入作为政府支持指标。考虑数据可得性、并且消除人口影响，使用政府支出的人均 R&D 经费作为政府支持变量，数据来自《中国科技统计年鉴》。

（五）外商直接投资（FDI）

国外贸易和交流被认为是吸收国外技术、完善和发展本国技术的重要途径，同时还可以学习跨国公司经营管理等隐性知识，提高本国企业管理质量。因此，选取各地区外商直接投资实际利用额作为控制变量，数据来自《中国统计年鉴》。

（六）产业结构（DUST）

本书用第二产业和第三产业的总占比来表示，计算公式是用第二产业增加值与第三产业增加值之和比上国内生产总值，数据来自中国统计局网站。

（七）金融发展（FINS）

金融发展通过金融工具会对市场机制发挥在资源配置过程中的引导作用，实现资源的效用最大化，从而对区域创新产出发生影响（李阳，2015）。金融发展用各省市的贷款余额作为代理变量，数据来自各省市的统计年鉴，以 2000 年为基期（见表6-1）。

表6-1 模型变量及描述性统计

变量分类	变量表示	名称	变量选择	均值	标准差	最小值	最大值
因变量 （INNO）	ZHL	区域创新产出	每万人专利授权数（个）	4.643	7.711	0.129	49.26
	XCP	区域创新产出	区域新产品销售量增长率	6.284	1.811	0.788	11.78
	LUN	区域创新产出	科技论文增长率	2.115	0.739	0.425	4.552

续表

变量分类	变量表示	名称	变量选择	均值	标准差	最小值	最大值
核心自变量（AGG）	AGG	人才集聚度	单位空间科技人才集中程度	2.252	5.761	0.004	41.595
	CAPI	创新资本存量	研发资本存量（取对数）	13.028	1.471	9.00.	16.271
	SCAL	科技人才规模	每万人科技人才数量（人）	1.61	4.169	0.003	29.163
其他控制变量	PGDP	经济发展	人均 GDP（万）	5.326	0.727	0.274	11.47
	GOV	政府政策	政府科研人均支出（元）	212.85	1640	60.412	18436
	FDI	外商直接投资	实际利用外商投资金额（取对数）	5.777	0.992	2.551	8.022
	DUST	产业结构	二三产业占 GDP 的比重	0.901	0.548	0.017	8.051
	FINS	金融发展	贷款额度（万亿）	3.721	0.824	2.016	5.236

第三节　模型选择的依据和计算过程

一、科技人才集聚与区域创新产出的空间关联分析

我国科技人才集聚和区域创新产出是否存在空间效应是本书在探究科技人才对区域创新产出影响因素的重要内容。一般来说，某种行为发生在特定的区域通常会因为扩散和虹吸效应对周围区域造成正向或者负向的影响，而这种效应在空间经济学中表现为空间自相关（Anselin，1988）。人才集聚和区域创新产出的空间自相关定义为由于邻近区域存在扩散效应和虹吸效应，由此导致的科技人才集聚和区域创新产出存在空间效应的发生。对空间效应的测度通常会采用莫兰（Moran's I）指数，莫兰指数又分为全局莫兰（Moran's I）指数和局部莫兰（Moran's I）指数，其中，全局莫兰指数是用来测度分析对象是否在总体上存在空间集聚、分散或者随机的现象；局部莫兰指数用来测度分析对象在局部地区的空间分布特征。

全局莫兰（Moran's I）指数的计算公式如（6-1）所示。

$$I = \frac{n}{\sum\limits_{i=1}^{n}(x_i - \bar{x})^2} \times \frac{\sum\limits_{i=1}^{n}\sum\limits_{j=1}^{n}w_{ij}(x_i - \bar{x})(x_j - \bar{x})}{\sum\limits_{i=1}^{n}\sum\limits_{j=1}^{n}w_{ij}} \qquad (6\text{-}1)$$

其中，I 表示全局莫兰指数，n 表示空间单元，x_i 和 x_j 分别表示 i 和 j 地区所考察变量的观测值，$\bar{x}$ 表示所考察变量观测值的平均值。w_{ij} 表示空间权重矩阵，文本的空间权重矩阵为邻接矩阵和地理权重矩阵。

莫兰指数与其他统计变量一样，在通过公式计算出来之后还需要进行显著性检验，其检验公式为：

$$Z = \frac{[I\text{-}E(I)]}{\sqrt{VAR(I)}} \qquad (6\text{-}2)$$

一般来说，全局莫兰指数的取值范围为 [-1, 1]，当莫兰指数大于 0，并且 Z-score 正态分布在 10%、5% 或 1% 的假设水平上通过检验时，表明所考察的变量存在正向自相关，并且数值越接近 1 说明自相关的程度越大，当莫兰指数等于 1 时，说明观测变量完全正自相关；当莫兰指数小于 0，并且 Z-score 正态分布在 10%、5% 或 1% 的假设水平上通过检验时，表明所考察的变量存在负向自相关，并且数值越接近-1 说明自相关的程度越大，当莫兰指数等于-1 时，说明观测变量完全负自相关。全局莫兰指数是较为主流的对变量进行空间自相关测度的方法，但该方法也存在一定的弊端。例如，当考察的某区域观测变量既有正向自相关又有负向自相关时，全局莫兰指数可能会因正负抵消而接近于 0，导致在 Z-score 正态分布在 10%、5% 或 1% 的假设水平上无法通过显著性检验，从而得出区域整体不存在空间自相关的结论，这会与现实存在较大的差异。同时由于全局莫兰指数对空间自相关的测算只有一个结果，因此无法观测区域内部各地区的空间特征。因此为了应对这个问题，安塞林（Anselin，2003）提出了局部莫兰指数和莫兰散点图，主要作用是更加直观地分析被观测变量在局部地区是否存在空间自相关的特征。

本书对科技人才集聚与区域创新产出的空间自相关测度的主要目的是从宏观上分析两者是否具有空间自相关特征，对局部空间自相关性的大小和方向并不是本书关注的重点，由此本节只对科技人才集聚和区域创新产出的全局莫兰指数进行测度，当 Z-score 检验的显著性通过时，本书认为测量的变量存在空间自相关；当 Z-score 检验的显著性未通过时，则表明不存在空间自相关。

对空间相关性测度首先需要确定空间权重矩阵，这是测量空间以来关系的重要工具，通常表现为如式（6-3）所示的 n 阶非负矩阵 W：

$$W = \begin{bmatrix} w_{11} & w_{12} & \cdots & w_{1n} \\ w_{21} & w_{22} & \cdots & w_{2n} \\ \vdots & \vdots & \ddots & \vdots \\ w_{n1} & w_{n2} & \cdots & w_{nn} \end{bmatrix} \tag{6-3}$$

其中，n 为整数，表示区域个数；矩阵内的元素代表区域之间的空间依赖关系，由于矩阵 W 以地理空间关系为基础，因此矩阵内的空间依赖性会因元素间的距离增大而减小。空间地理矩阵还具有两个性质：一是该矩阵上对角线的元素值为 0；二是该矩阵是以对角线为轴的对称矩阵。由此得出常见的空间权重矩阵有邻接矩阵、地理距离权重矩阵和经济距离权重矩阵三种。

（一）邻接矩阵

邻接矩阵通常有两种定义的方式：一是根据区域是否有相同的边界或顶点来定义两者是否相邻，如果两个地区 i 和 j 有相同的边界或顶点则规定 $w_{ij}=1$，否则元素 $w_{ij}=0$。常见的相邻关系可以分为三种，即车相邻（两个区域有共同的边界）、象相邻（两个区域有共同的顶点）和后相邻（两个区域既有共同的边界又有共同的顶点）。二是根据两个地区的距离设置一个门槛距离：当两个区域的距离小于门槛值时，矩阵中元素的值为 1；当两个区域的距离大于门槛值时，矩阵中元素的值为 0。空间权重矩阵可以表示为：

$$w_{ij} = \begin{cases} 1, & \text{区域 i 与 j 相邻或者 } d_{ij}<d \\ 0, & \text{区域 i 与 j 相邻或者 } d_{ij}\geq d \end{cases} \tag{6-4}$$

（二）地理距离权重矩阵

地理距离权重矩阵通常是根据两个区域在地理坐标系中的实际距离 d_{ij} 的某种算法定义的空间权重矩阵。地理距离权重矩阵比邻接矩阵更接近现实情况，一般情况下地理权重矩阵采用实际地理距离 d_{ij} 的负指数来定义矩阵的大小，当两个区域的地理距离越大时，地理距离的负指数越小，与上文定义的矩阵元素随着距离的增加而减小相一致。本章通过我国 30 个省（市、区）的省会距离和空间权重矩阵的构造原则，以距离倒数为空间矩阵元素值，得出矩阵内的元素值为：

$$w_{ij} = \begin{cases} 1/d_{ij}, & i \neq j \\ 0, & i = j \end{cases} \tag{6-5}$$

矩阵中 d_{ij} 通过各省市省会的真实地理坐标计算得到，因此两省市的距离越远，其空间的相互作用也就越小。

（三）经济距离权重矩阵

虽然地理距离权重矩阵较为直观，但面对复杂的社会环境，空间距离远非真实距离所能反映，区域之间还会受到经济、文化和社会风俗等诸多因素的交互影响，因此地理距离权重矩阵有时难以测量以上社会因素之间的影响。所以本书构造了以 2000~2016 年 GDP 平均值为指标的经济距离矩阵，矩阵中的元素形式为：

$$w_{ij} = \begin{cases} 1/|\overline{Y_i} - \overline{Y_j}|, & i \neq j \\ 0, & i = j \end{cases} \tag{6-6}$$

其中，$\overline{Y_i} = \dfrac{1}{T}\sum\limits_{t=1}^{T} Y_{it}$（区域 i 在 t 时期内 GDP 的平均值），$i \neq j$。如此一来，两地区经济发展水平越相似，两者之间的空间依赖效应越大，故权值越大。

由于现实中的现象较为复杂，很难用相邻或者距离等单一的指标对两个区域的关系进行说明，因此除以上三种空间矩阵之外，学者还会根据实际情况构造综合性的空间权重矩阵。例如，利用经济和地理因素构造经济—地理权重矩阵，这种方式突破了以往单一指标的缺陷，更能表达现实中两个区域之间的关系。结合式（6-5）和式（6-6）构造地理经济空间矩阵，经济×地理权重矩阵中的元素形式为：

$$w_{ij} = \begin{cases} 1/d_{ij} \times 1/|\overline{Y_i} - \overline{Y_j}|, & i \neq j \\ 0, & i = j \end{cases} \tag{6-7}$$

矩阵中的元素的含义等同于式（6-5）和式（6-6）中各元素的含义。

以上是对几种常用空间矩阵的介绍，本章使用的空间矩阵为空间邻接矩阵和地理权重矩阵，空间邻接矩阵为主要矩阵，在后面的莫兰指数测算、空间模型回归中均为空间邻接矩阵，地理权重矩阵在稳健性分析时得以使用。

利用邻接矩阵求科技人才集聚与专利授权量的全局 Moran's I 指数如表6-2 所示。

表6-2　我国科技人才集聚与区域创新产出全局 Moran's I 指数

年份	科技人才集聚		专利授权量		新产品销售		科技论文	
	莫兰值	P 值	莫兰值	P 值	莫兰值	P 值	莫兰值	P 值
2000	0.031	0.266	0.209**	0.010	0.059	0.311	0.027	0.336
2001	0.047	0.240	0.214**	0.011	0.084	0.258	0.042	0.782
2002	0.028	0.292	0.212**	0.015	0.063	0.245	0.034	0.164
2003	0.062	0.203	0.178**	0.015	0.651***	0.002	0.054	0.176
2004	0.122*	0.077	0.215**	0.014	0.524***	0.005	0.07	0.113
2005	0.154**	0.041	0.237***	0.009	0.414**	0.018	0.585***	0.008
2006	0.185**	0.028	0.297***	0.002	0.366**	0.014	0.041	0.101
2007	0.195**	0.024	0.329***	0.001	0.452**	0.016	0.563**	0.021
2008	0.202**	0.022	0.366***	0.038	0.541**	0.011	0.417**	0.027
2009	0.286***	0.003	0.432***	0.021	0.484**	0.008	0.537***	0.003
2010	0.313***	0.002	0.450***	0.000	0.386***	0.006	0.432***	0.001
2011	0.356***	0.000	0.472***	0.000	0.39***	0.000	0.443***	0.000
2012	0.371***	0.000	0.453***	0.000	0.466***	0.000	0.519***	0.000
2013	0.420***	0.000	0.409***	0.000	0.368***	0.000	0.421***	0.000
2014	0.454***	0.000	0.385***	0.000	0.429***	0.000	0.485***	0.000
2015	0.484***	0.000	0.393***	0.000	0.402***	0.000	0.455***	0.000
2016	0.474***	0.000	0.382***	0.000	0.396***	0.000	0.449***	0.000
2017	0.441***	0.000	0.365***	0.000	0.406***	0.000	0.450***	0.000

注：**、***分别表示在5%、1%的水平上显著。

由表 6-2 可以看出，科技人才集聚与区域创新产出的各指标在莫兰指数的变化上大体表现一致。首先我国科技人才集聚的莫兰指数在 2004 年之前并不显著，但数据变化依然可以看出相应的变化。2000~2017 年科技人才集聚莫兰指数从 0.031 上升到 2015 年的 0.484，而后在 2017 年下降到 0.441，科技人才集聚指数呈现出先上升后下降的趋势。专利授权量的莫兰指数也呈现出先上升后下降的特征，从 2000 年的 0.209 上升到 2011 年的 0.472，随后下降到 2017 年的 0.365，新产品销售的莫兰指数从 2003 年开始显著，数值为0.651 随后有所下降，在 2017 年下降到 0.406，但全部在 1% 的水平上显著。科技论文的莫兰指数在 2005 年开始显著，数值为 0.585，在 1% 的水平上显著，此后也一直保持显著状态，在 2017 年的数值为 0.450，同样在 1% 的水平上显著。由此得出，科技人才集聚和各个区域创新产出指标均存在空间相关特征。

二、科技人才集聚与区域创新产出的门槛回归

通过上文发现，科技人才集聚之间具有空间相关性，本节运用面板数据的空间门槛效应模型回归对科技人才集聚对区域创新产出的门槛值进行测算，主要目的有两个：一是验证科技人才集聚对区域创新产出是否存在门槛效应；二是如果存在门槛值，那么门槛值的大小是多少，为下一步具体测算科技人才集聚对区域创新产出的边际影响分析做好铺垫。

空间面板门槛效应模型能够很好地解决本书所要研究的科技人才集聚对区域创新产出的非线性问题，但空间面板门槛效应模型并不是简单的空间计量模型和门槛模型结合，而是将这两种模型的设定、检验和估计方法的合理推算结合，使其能够成为一套具有完整逻辑的方法理论。目前空间面板门槛效应模型的理论研究才刚刚起步，相关理论和实证研究还不完善，因此本节安排如下：首先对空间面板门槛效应解决的方法进行论述，在此基础上运用能够实现的空间面板门槛效应模型分析科技人才集聚对区域创新产出的影响的门槛值。

目前空间面板门槛效应的模型主要有空间面板门槛模型和空间过滤面板门槛模型。本节先对两种模型进行简单介绍，随后分析两种模型的特点，并对模型的使用进行介绍。

（一）空间面板门槛模型

空间面板门槛模型又可以分为静态空间面板门槛模型和动态空间面板门槛模型。以静态空间面板门槛模型为例，虽然一般化的模型可能面临模型识别问题，但从一般化模型开始考虑，再通过添加一系列限制来得到其退化模型，有助于厘清各模型之间的联系，也有助于识别哪一个模型对特定实证研究最合适。将三种空间效应均考虑到面板门槛模型中，这个广义嵌套的空间门槛模型为：

$$y_t = \rho W y_t + \beta X_t（\gamma）+ W X_t \theta + \mu + u_t$$
$$u_t = \lambda W u_t + \varepsilon_t$$
$$\varepsilon_t \sim（0,\ \sigma_\varepsilon^2） \tag{6-8}$$

对两区制面板门槛回归模型：

$$\beta X_t（\gamma）= \beta'_1 X_t I（q_t \leqslant \gamma）+ \beta'_2 X_t I（q_t > \gamma） \tag{6-9}$$

其中，$I（\cdot）$为指示函数；q_t为门槛变量；γ为门槛参数。对单一门槛情况，根据门槛变量小于或者大于门槛值γ，观测值被分为两个区域。不同的区域，回归得到的斜率不同，即$\beta =（\beta'_1 \beta'_2）'$。而实际上参数向量$\beta$的维度取决于门槛值的个数，这需要通过门槛效应检验来确定。y_t为一个$N×1$的向量，有时间t（$t = 1,2,\cdots,T$）上的样本中每个空间单位（$i = 1,2,\cdots,N$）的被解释变量的一个观测值构成；X_t为$N×K$的外生解释变量矩阵；W为一个已知的非负常数权重矩阵；W_y为被解释变量间存在的内生交互效应；ρ为空间自回归系数，表示了被解释变量间空间相关性的强弱；W_x为解释变量间存在的外生交互效应；θ为包含了K个固定且未知待估参数的列向量；W_u为误差项之间的空间交互效应；λ为空间自相关系数；$\mu =（\mu_1,\mu_2,\cdots,\mu_N）'$包含了特定空间效应，既可作为虚拟变量加入到模型中（固定效应），也可以被视为模型中的随机变量（随机效应）。如果将空间效应设定为空间自相关的，则在模型中加入影响参数。

通过这个一般化的空间面板门槛模型中的一个或多个参数施加约束，这种相同的估计方法也可以适用于其他空间计量模型。广义嵌套的空间计量模型主要包括 OLS、SAR、SEM、SLX、SAC、SDM、SDEM 模型等。

（二）空间过滤面板门槛模型

空间滤值法是用另一种思路来解决回归分析中的空间自相关问题。空间滤值法的主要原理是通过将带有自相关的数据进行某种机制的变换，将自相关过滤掉（Getis and Griffith，2002）。这种方法有效地将变量间的空间相关性进行了去除，消除了变量的空间依赖关系。对空间过滤主要有两种方法，分别为 Griffith 法和 Getis 法。由于 Griffith 法复杂，本书仅就 Getis 法进行介绍。

Getis 法的关键步骤在于将有空间相关性的变量通过某种变换使变换后的数据能够满足传统回归方法的要求，具体而言就是通过变换将变量拆分成空间关联部分和非空间关联部分。将原变量 x_i 过滤到非空间变量 x_i^* 可以写成：

$$x_i^* = \frac{W_i / (N-1)}{G_i} x_i \qquad (6-10)$$

其中，$W_i = \sum_j w_{ij}$ 为平均空间权重（$j \neq i$）；N 为观察值的数目；G_i 为局部 G_i 指数。其中分子 $W_i / (N-1)$ 就是 G_i 的期望值。当原变量不存在空间自相关时，$x_i^* = x_i$，离差 $Lxi = x^* - x_i$ 为 0，不存在剩余的空间变量。

将过滤后的变量（包括自变量和因变量）代入传统的 OLS 回归分析中，就是空间过滤回归模型：

$$y^* = f(x_1^*, x_2^* \cdots) \qquad (6-11)$$

其中，y^* 为过滤后的因变量；x_1^*，x_2^* 等为过滤后的自变量。

综上所述，由于传统的回归分析假定变量之间为相对独立数据，因此对存在空间依赖关系的变量而言，普通的回归分析不再有效。为了正确得到自变量和因变量的关系，必须采取一定的措施对变量的空间依赖关系进行控制。为了达到这个目的，空间滤波法的作用就是去除变量的空间依赖性，再使用普通的回归方法对去除空间效应的那部分变量进行分析，从而得出两者的关系。当数据存在空间关系时，通过将空间关系纳入到模型之中，从而消除变量的空间效应是另一种研究思路。首先对进行了空间过滤处理后的数据进行空间效应检验，如果处理后的数据能够很好地将空间依赖性去除，那么随后采用一般的面板门槛模型进行估计与检验。

表 6-3 列出了科技人才集聚、专利授权量、新产品销售和科技论文等变量经过 Getis 法过滤后得到的莫兰指数和 P 值。通过 P 值可知，专利授权量、

新产品销售和科技论文等变量的空间相关性已经被过滤掉，科技人才集聚（AGG）变量处理后仅在2017年还存在部分相关性。专利授权变量在2000年和2017年的空间相关性经过2次过滤后去除，其余年份经过1次过滤。新产品销售变量和科技论文变量均在1次过滤后将空间相关性去除。在变量科技人才集聚变量在2008年的空间相关性经过1次过滤后去除。

表6-3　我国科技人才集聚与区域创新产出全局Moran's I指数（过滤后）

年份	科技人才集聚		专利授权量		新产品销售		科技论文	
	莫兰值	P值	莫兰值	P值	莫兰值	P值	莫兰值	P值
2000	0.043	0.266	0.052	0.109	0.065	0.136	0.069	0.145
2001	0.059	0.240	0.084	0.118	0.104	0.147	0.112	0.157
2002	0.034	0.292	0.034	0.114	0.042	0.142	0.045	0.152
2003	0.044	0.203	0.054	0.116	0.067	0.144	0.072	0.155
2004	0.052	0.179	0.07	0.113	0.087	0.140	0.093	0.151
2005	0.030	0.441	0.026	0.108	0.032	0.134	0.035	0.144
2006	0.037	0.227	0.04	0.101	0.050	0.126	0.053	0.135
2007	0.095	0.324	0.156	0.183	0.194	0.228	0.208	0.244
2008	0.022	0.622	0.01	0.137	0.012	0.170	0.013	0.182
2009	0.082	0.106	0.13	0.12	0.162	0.149	0.173	0.160
2010	0.032	0.214	0.03	0.199	0.037	0.247	0.040	0.265
2011	0.035	0.298	0.036	0.135	0.045	0.168	0.048	0.180
2012	0.073	0.207	0.112	0.194	0.139	0.241	0.149	0.258
2013	0.024	0.293	0.014	0.209	0.017	0.260	0.019	0.278
2014	0.054	0.304	0.074	0.214	0.092	0.266	0.099	0.285
2015	0.041	0.352	0.048	0.213	0.060	0.265	0.064	0.284
2016	0.038	0.326	0.042	0.220	0.052	0.274	0.056	0.293
2017	0.291*	0.091	0.052	0.264	0.065	0.328	0.069	0.352

注：* 表示在10%的水平上显著。

　　由于经过空间过滤后的科技人才集聚和区域创新产出不再有空间相关性，因此可以用普通的面板门槛回归，构造科技人才集聚对区域创新产出的回归模型公式：

$$INNO_{it} = \beta_{00} + \beta_{01}AGG_{it} \times I(q_{it} \leq \gamma) + \beta_{10}AGG_{it} \times I(q_{it} \geq \gamma) + \beta_{02}CAPI_{it} +$$
$$\beta_{03}SCAL_{it} + \beta_{04}PGDP_{it} + \beta_{05}GOV_{it} + \beta_{06}FDI_{it} + \beta_{07}DUST_{it} + \beta_{08}Fins_{it} + \varepsilon_{it}$$

$$(6-12)$$

其中，INNO 表示区域创新产出，包括区域人均专利授权量、新产品销售额、科技论文数量，AGG 表示科技人才集聚，CAPI 表示区域创新资本存量投入量，SCAL 表示每万人科技人才数量，PGDP 表示区域人均 GDP，GOV 表示政府支出的人均 R&D 经费，FDI 表示区域实际使用外资金额，DUST 表示产业结构，Fins 表示区域贷款余额，公式中除人均专利授权量、科技人才集聚和产业结构变量外，其余变量均取对数纳入模型。

首先，检验科技人才集聚对区域创新产出是否存在门槛值，使科技人才集聚对区域创新产出发生结构性变化。由于存在门槛值时，传统的统计方法已不再适用，所以按照 Hansen（1999）的方法，用 Bootstrap 计算 F 值和 P 值，抽样次数为 300 次，门槛效应检验结果见表 6-4，通过未空间过滤（作为对照）和空间过滤后门槛值检验可以获得科技人才集聚对区域创新产出均存在门槛效应，且为单一门槛。其中未空间过滤的 F 值可以在 5% 的显著性水平上拒绝不存在门槛值的零假设。空间过滤的 F 值在 1% 的显著性水平上拒绝不存在门槛值的零假设。

表 6-4　门槛效应检验：以科技人才集聚为门槛值

		模型	门槛值	F 值	P 值	BS 次数	临界值（5%）
专利授权量	未空间过滤	单一门槛	2.911	142.59	0.017	300	92.71
		双门槛	2.911	78.66	0.107	300	124.97
	空间过滤	单一门槛	1.291 1.782	138.16	0.000	300	54.54
		双门槛	1.782 3.054	101.30	0.127	300	181.57

续表

	模型	门槛值	F 值	P 值	BS 次数	临界值（5%）
新产品销售 / 未空间过滤	单一门槛	0.306	130.60	0.027	300	156.58
	双门槛	0.306 0.419	296.87	0.169	300	137.04
新产品销售 / 空间过滤	单一门槛	0.417	138.16	0.025	300	133.04
	双门槛	0.417 0.245	101.30	0.622	300	129.11
科技论文 / 未空间过滤	单一门槛	0.457	142.59	0.016	300	202.34
	双门槛	0.457 1.016	78.66	0.201	300	135.67
科技论文 / 空间过滤	单一门槛	0.683	187.50	0.047	300	122.55
	双门槛	0.683 1.634	191.93	0.271	300	116.57

根据式（6-12）中各变量选择如表 6-1 和表 6-4 所示的门槛检验，对单一门槛值进行回归，得到回归结果如表 6-5 所示。

表 6-5 科技人才集聚对区域创新产出的面板门槛回归

变量名称	专利授权		新产品销售		科技论文	
	未空间过滤	空间过滤	未空间过滤	空间过滤	未空间过滤	空间过滤
第一阶段 AGG	3.392***	8.633***	0.138***	0.998***	0.358***	1.490***
	(0.217)	(0.959)	(0.027)	(0.312)	(0.078)	(0.545)
第二阶段 AGG	1.248***	3.637***	−0.007	0.305***	0.009***	0.029
	(0.0673)	(0.763)	(0.082)	(0.088)	(0.036)	(0.040)
创新资本投入（CAPI）	−0.795	0.846	0.237**	0.270**	−0.075	−0.006
	(0.914)	(0.989)	(0.111)	(0.116)	(0.491)	(0.055)
科技人才规模（SCAL）	0.534	1.723**	0.548	0.681	0.415	0.324***
	(0.441)	(0.693)	(0.477)	(0.584)	(0.559)	(0.114)
经济发展（PGDP）	1.711	2.639*	0.856	1.018***	0.525***	0.439***
	(1.373)	(1.403)	(0.166)	(0.164)	(0.075)	(0.076)

续表

变量名称	专利授权		新产品销售		科技论文	
	未空间过滤	空间过滤	未空间过滤	空间过滤	未空间过滤	空间过滤
外商直接投资（FDI）	1.616***	2.377***	0.030	0.032***	0.050*	0.057*
	(0.546)	(0.556)	(0.066)	(0.065)	(0.030)	(0.029)
政府政策（GOV）	−0.102	−0.536	0.249***	0.206***	0.050*	0.051*
	(0.480)	(0.536)	(0.058)	(0.062)	(0.260)	(0.285)
产业结构（Dust）	0.821**	0.880**	0.223***	0.250***	0.029	0.026
	(0.378)	(0.387)	(0.046)	(0.455)	(0.021)	(0.021)
金融发展（FINS）	0.318**	0.150	0.008	0.003	0.009	0.012
	(0.159)	(0.165)	(0.019)	(0.019)	(0.008)	(0.009)
Constant	−24.74***	−45.60***	−4.670***	−6.319***	4.784***	−45.60***
	(8.905)	(9.505)	(1.077)	(1.097)	(0.485)	(9.505)
观察值	540	540	540	540	540	540
地区数量	30	30	30	30	30	30
R^2	0.667	0.536	0.740	0.706	0.504	0.552

注：*、**、***分别表示在10%、5%、1%的水平上显著。

表6-5分别对未进行空间过滤和进行过空间过滤的科技人才集聚和区域创新产出进行了面板门槛回归。由表6-5可知，科技人才集聚对区域创新产出有显著的正向作用，并且均在1%的水平上显著。第二阶段的科技人才集聚系数小于第一阶段。在空间过滤后的科技人才集聚对区域创新产出的门槛回归模型中，专利授权、新产品销售和科技论文的科技人才集聚的第一阶段的回归系数分别为8.633、0.998和1.490，并且均在1%的水平上显著。第二阶段的系数分别为3.637、0.305和0.029，其中3.637和0.305均在1%的水平上显著，而0.029未通过显著性检验。作为对照在未空间过滤的模型中，专利授权、新产品销售和科技论文的科技人才集聚的第一阶段的回归系数分别为3.392、0.138和0.358，并且均在1%的水平上显著。第二阶段的系数分别为1.248、−0.007和0.009，其中1.248和0.009均在1%的水平上显著，而−0.007未通过显著性检验。

从两次回归系数大小对比来说，经过空间过滤后的科技人才集聚对区域创新产出的影响无论是在第一阶段还是在第二阶段均大于未空间过滤时的影响程度。首先，再次表明科技人才集聚对区域创新产出的影响存在空间效应，并且两次回归也证明无论是在科技人才低集聚还是在高集聚阶段均存在正的影响；其次，该系数说明科技人才集聚对区域创新产出产生非线性影响，虽然两阶段的回归系数均为正，但仍然与第四章理论分析基本一致，说明目前科技人才集聚对区域创新产出的影响处在第一和第二阶段。科技人才集聚对区域创新产出的影响开始减弱，但科技人才集聚对区域创新产出仍然存在正的影响。

第四节　空间 GMM 模型计算过程及结果分析

由表6-4可知，主要分析科技人才集聚对区域创新的非线性关系，由于科技人才集聚与区域创新产出之间存在门槛，可以将样本分为科技人才低集聚和科技人才高集聚两个子样本，其中，专利授权的科技人才集聚门槛值为1.782、新产品销售的科技人才集聚门槛值0.417和科技论文的科技人才集聚门槛值0.457。在专利授权的模型中，高集聚阶段主要有北京、天津、上海、江苏、浙江、广东6个省份，河北、山西、内蒙古、辽宁、吉林、黑龙江、安徽、福建、江西、山东、河南、湖北、湖南、广西、海南、重庆、四川、贵州、云南、陕西、甘肃、青海、宁夏、新疆等省份为低集聚阶段。在新产品销售和科技论文的模型中，高集聚阶段主要有北京、天津、上海、江苏、浙江、安徽、福建、山东、河南、湖北、广东、重庆12个省份，其余为低集聚省份。在对科技人才集聚度的高低划分之后，本节的主要内容为在新划分的低集聚和高集聚阶段运用广义矩估计（GMM）模型重新对科技人才集聚对区域创新产出进行回归，目的是消除科技人才集聚与区域创新产出之间的内生性问题。这是由于目前的现有文献中并没有较好的工具变量。因此，引入动态广义矩估计（GMM）与空间回归方法的结合对模型进行实证分析。主要体现在以下两个方面：一是考虑到科技人才集聚的前后时序性，后一期科技人才集聚的状态必然会受到前一期的影响，将科技人才集聚的滞后一期纳入模型中，生成动态模型；二是因为 GMM 也是消除内生性偏误的有效途径，同时也允许随机误差项存在异方差和序列相关，结果具有一定的严谨性和可信度。

本节具体方法，首先根据豪斯曼检验考察是选用固定效应还是随机效应的空间方法，其次用 Wald 检验和 LR 检验对使用空间自回归模型、空间误差模还是空间杜宾模型等进行分析，最后用空间自回归模型、空间误差模或者空间杜宾模型的一种与 GMM 模型进行结合实证分析。

一、空间 GMM 计算过程

（一）模型的选择

空间面板模型应用的第一步是对空间面板模型的固定效应和随机效应进行选择。目前对于两种效应的选择主要有理论和统计两种方法：一是从理论角度来说，如果所要分析的样本几乎等同于总体，那么应该采用固定效应模型，如果样本是经过随机抽样得到的数据，那么在数据分析时应该采用随机效应模型；二是从统计角度来说，利用空间面板数据的豪斯曼检验可以得出所要分析的对象是否应该用固定效应还是随机效应（Elhorst，2009）。具体而言，通过假设个体特定效应与独立变量不相关作为原假设，如果拒绝原假设那么为随机效应；如果不能拒绝，那么为随机效应。

科技人才集聚对区域创新产出的空间计量研究涉及中国 30 个省、直辖市和地区的样本数据。仅由于数据的缺失未包含西藏和港澳台地区，可以认为所选取的样本几乎代表了我国省级区域的样本总体。因此，从理论依据出发，应该选择固定效应模型。从实际统计量出发，空间杜宾模型即包含空间滞后也包含空间误差，所以利用双固定效应的杜宾模型进行豪斯曼检验，构造固定效应的空间杜宾回归模型为：

$$INNO_{it} = \beta_0 + \beta_1 AGG_{it} + \beta_2 CAPI_{it} + \beta_3 SCAL_{it} + \beta_4 PGDP_{it} + \beta_5 GOV_{it} +$$
$$\beta_6 FDI_{it} + \beta_7 DUST_{it} + \beta_8 FINS_{it} + \theta_1 W \times AGG_{it} + \theta_2 W \times CAPI_{it} +$$
$$\theta_3 W \times SCAL_{it} + \theta_4 W \times PGDP_{it} + \theta_5 W \times GOV_{it} + \theta_6 W \times FDI_{it} +$$
$$\theta_7 W \times DUST_{it} + \theta_8 W \times FINS_{it} + \mu + \varphi + \varepsilon_{it} \tag{6-13}$$

其中，区域创新产业（INNO）表示地区的人均创新产出用专利授权量、科技论文产出量和新产品销售额表示，科技人才集聚（AGG）表示科技人才集聚，X 表示控制变量，控制变量与前文相同，其中，创新资本（CAPI）表示创新资本存量，经济发展（PGDP）表示人均 GDP，政府政策（GOV）表示政府的人均科研支出，外商直接投资（FDI）表示省份的外商直接投资，产业结构（DUST）表示第二、第三产业占 GDP 的比重，FINS 表示区域的贷款余额。

低集聚的豪斯曼检验结果为 Chi2 = 320.85，Prob>chi2 = 0.0000，高集聚的结果为 Chi2 = 121.74，Prob>chi2 = 0.0000。根据豪斯曼检验结果，必须拒绝原假设，即应该选用固定效应空间面板模型。

（二）模型检验分析

通过豪斯曼检验可知，利用固定效应的空间模型更适合我国科技人才集聚对区域创新产出影响的空间计量研究。

莱萨奇等（Lesage et al.，2009）提出，针对有空间效应的数据应该首先考虑选用空间杜宾面板数据模型。通过检验两个原假设 H_0：$\theta = 0$ 和 H_0：$\theta + \delta\beta = 0$ 来判断空间杜宾数据模型是否可以简化为空间自回归模型或空间误差模型。其中，令 $\theta = 0$ 用来说明空间杜宾数据模型能否简化为空间自回归数据模型，$\theta + \delta\beta = 0$ 检验空间杜宾数据模型能否简化为空间误差模型。检验方法为将模型的空间误差项假定为服从 K 自由度的卡方分布。其次利用 Wald 检验和 LR 检验对原假设进行检验。

以科技人才集聚的低集聚度来说，根据表 6-6 在空间固定、时间固定和双固定模型下杜宾模型中的 Wald 检验和 LR 检验的结果来看，在以专利授权为因变量的模型中，在低集聚阶段，Wald 检验值分别为 30.192 和 31.469，并且均在 1% 的水平上显著；LR 检验值分别为 32.244 和 32.121，同样在 1% 的水平上显著。因此，空间杜宾面板数据模型不能简化为空间滞后模型和空间误差模型，在高级集聚阶段，Wald 检验值为 10.101 和 12.368，在 1% 的水平上显著；LR 检验值分别为 12.143 和 15.020，同样在 1% 的水平上显著。从而可以确定我国科技人才集聚对区域创新产出影响的空间计量研究中空间杜宾面板数据模型更为适宜。

表 6-6　有时间空间双向固定效应的空间杜宾模型估计和检验结果

检验方法	专利授权	新产品销售	科技论文
低集聚			
Wald-lag 检验	30.192***	62.565***	44.038***
Wald-error 检验	31.469***	58.234***	32.149***
LR-lag 检验	32.244***	58.455***	43.430***
LR-error 检验	32.121***	56.364***	31.812***
高集聚			
Wald-lag 检验	10.101***	22.504***	24.937***
Wald-error 检验	12.368***	28.133***	19.048***
LR-lag 检验	12.143***	38.304***	21.339***
LR-error 检验	15.020***	26.273***	19.711***

注：***表示在1%的水平上显著。

二、计算结果分析

通过上文对科技人才集聚高低的划分以及模型选择的分析，确定对科技人才集聚不同程度采用具有空间特征的空间杜宾模型（SDM）。而由于模型设置的内生性问题，在空间杜宾模型的基础上采用 GMM 模型（动态 GMM+SDM 模型）。为了对纳入上文分析中的创新环境变量对区域创新产出进行回归分析，科技人才低集聚和高集聚对区域创新产出的影响回归结果如表 6-7 和表 6-8 所示。

由表 6-7 可知，在以专利授权、新产品销售和科技论文的三个动态 GMM+SDM 模型中，R^2 值分别为 0.732、0.513 和 0.624，Wald 检验值分别为 778.92、413.38 和 508.60，表明该模型的拟合较好。本表在 GMM+SDM 模型的分析前还采用了面板 GMM 模型分析科技人才集聚对区域创新产出的影响以便进行对比分析，其中，区域创新产出的指标使用专利授权、新产品销售和科技论文量三个指标。在以专利授权、新产品销售和科技论文为因变量的 GMM+SDM 模型中，科技人才集聚的系数分别为 3.156、0.653 和 0.307，并且分别在 1%、1% 和 10% 的水平上显著。说明在科技人才低集聚阶段科技人才集聚每增加一个单位，人均区域专利增加约 3. 156 件，新产品销量增加 0. 653%，科技论文增加 0. 307%。而面板 GMM 模型作为对照组其科技人才集聚对区域创新产出的作用同样显著。这与科技人才集聚对区域创新产出的门槛回归的第一阶段在方向上保持一致。

表 6-7　面板 GMM 和动态 GMM+SDM 模型回归（低集聚阶段）

变量名	专利授权		新产品销售		科技论文	
	面板 GMM 模型	动态 GMM+ SDM 模型	面板 GMM 模型	动态 GMM+ SDM 模型	面板 GMM 模型	动态 GMM+ SDM 模型
创新产出滞后项（L. INNO）	0. 890***	1. 039***	0. 397***	0. 663***	0. 021	0. 073*
	(0. 0327)	(0. 132)	(0. 107)	(0. 178)	(0. 139)	(0. 038)
核心自变量（AGG）	1. 797**	3. 156***	0. 874**	0. 653***	0. 288	0. 307*
	(0. 313)	(0. 290)	(0. 369)	(0. 179)	(0. 298)	(0. 181)
创新资本投入（CAPI）	0. 652***	0. 409	0. 282*	0. 375**	−0. 364*	0. 011
	(0. 121)	(0. 312)	(0. 154)	(0. 179)	(0. 191)	(0. 096)
科技人才规模（SCAL）	0. 821***	0. 765***	0. 502**	0. 233	0. 452	0. 119***
	(0. 243)	(0. 132)	(0. 249)	(0. 547)	(0. 369)	(0. 049)
经济发展（PGDP）	1. 036***	1. 278***	0. 823*	0. 081	0. 572*	0. 223***
	(0. 305)	(0. 431)	(0. 430)	(0. 311)	(0. 296)	(0. 140)
政府政策（GOV）	0. 434***	0. 244*	0. 136	0. 222***	0. 057*	0. 167***
	(0. 107)	(0. 147)	(0. 103)	(0. 057)	(0. 033)	(0. 036)
外商直接投资（FDI）	−0. 069	−0. 176	0. 004	0. 203***	0. 187***	0. 078*
	(0. 044)	(0. 131)	(0. 070)	(0. 076)	(0. 047)	(0. 044)
产业结构（DUST）	0. 058*	0. 095	0. 272***	0. 265***	−0. 003	0. 016
	(0. 032)	(0. 062)	(0. 041)	(0. 040)	(0. 101)	(0. 032)
金融发展（FINS）	−0. 053***	10. 11***	−0. 049***	0. 041	0. 028***	0. 123***
	(0. 011)	(0. 094)	(0. 012)	(0. 028)	(0. 005)	(0. 024)
观察值	408	408	306	306	306	306
地区数量	24	24	18	18	18	18
R^2	—	0. 732	—	0. 513	—	0. 624
Wald 检验	1182. 31	778. 92	1182. 31	413. 38	1182. 31	508. 60

注：*、**、***分别表示在10%、5%、1%的水平上显著。

表 6-8 与表 6-7 相似,分别利用面板 GMM 模型和动态 GMM+SDM 模型进行回归,在以专利授权、新产品销售和科技论文的三个动态 GMM+SDM 模型中,R^2 值分别为 0.701、0.740 和 0.851,Wald 检验值分别为 693.25、602.48 和 1211.25,表明该模型的拟合较好。本表在 GMM+SDM 模型的分析前还采用了面板 GMM 模型分析科技人才集聚对区域创新产出的影响,其中,区域创新产出的指标使用专利授权、新产品销售和科技论文量三个指标。在以专利授权、新产品销售和科技论文为因变量的 GMM+SDM 模型中,科技人才的集聚系数分别为 0.571、-0.022 和 0.024,并且均在 1% 的水平上显著。说明在科技人才高集聚阶段科技人才集聚每增加一个单位,人均区域专利增加约 0.571(件),新产品销量增加-0.022%,科技论文增加 0.024%。而面板 GMM 模型作为对照组其科技人才集聚对区域创新产出的作用同样显著。这与科技人才集聚对区域创新产出的门槛回归的第二阶段在方向上保持一致。

表 6-8　面板 GMM 和动态 GMM+SDM 模型回归(高集聚阶段)

变量名	专利授权		新产品销售		科技论文	
	面板 GMM 模型	动态 GMM+SDM 模型	面板 GMM 模型	动态 GMM+SDM 模型	面板 GMM 模型	动态 GMM+SDM 模型
创新产出滞后项 (L. INNO)	0.919*** (0.033)	1.297*** (0.269)	0.038 (0.425)	0.689*** (0.188)	0.737*** (0.285)	1.327*** (0.079)
核心自变量(AGG)	0.062** (0.313)	0.571*** (0.224)	0.131* (0.077)	-0.022*** (0.007)	0.032 (0.036)	0.024*** (0.004)
创新资本投入(CAPI)	1.25*** (0.121)	1.448 (3.221)	-1.069** (0.513)	-0.242 (0.156)	0.026 (0.102)	0.189*** (0.061)
科技人才规模(SCAL)	3.381*** (0.213)	0.902 (3.819)	0.433 (1.141)	0.230 (0.214)	0.195 (0.235)	0.0745 (0.076)
经济发展(PGDP)	5.513*** (0.305)	0.355 (4.417)	1.938 (1.769)	-0.237 (0.271)	-0.415 (0.377)	-0.338*** (0.092)
政府政策(GOV)	4.744*** (0.169)	0.672* (0.211)	-0.056 (0.677)	0.258*** (0.081)	0.149 (0.144)	0.511*** (0.039)
外商直接投资(FDI)	2.152 (2.061)	1.125** (0.513)	0.371** (0.150)	0.565*** (0.103)	0.026 (0.070)	0.029 (0.032)

续表

	专利授权		新产品销售		科技论文	
产业结构（DUST）	0.138	1.408	1.115	0.573	-0.018	0.023
	(0.812)	(0.851)	(0.299)	(0.065)	(0.059)	(0.024)
金融发展（FINS）	-0.778***	0.251***	0.013	-0.015	0.003	0.011
	(0.242)	(0.065)	(0.039)	(0.024)	(0.006)	(0.008)
观察值	102	102	204	204	204	204
地区数量	6	6	12	12	12	12
R^2	—	0.701	—	0.740	—	0.851
Wald 检验	381.29	693.25	260.11	602.48	2420.91	1211.25

注：*、**、***分别表示在10%、5%、1%的水平上显著。

对比表6-7和表6-8可知，利用具有空间效应的 GMM 分析，在科技人才低集聚阶段对区域创新产出的影响程度大于科技人才高集聚阶段对区域创新产出的影响。对比第五章中科技人才集聚对区域创新产出的影响可知，目前我国科技人才集聚对区域创新产出的影响并没有跨过集聚的临界点（模型中仅以新产品销售的模型系数为负），即科技人才集聚对区域创新产出的边际影响并没有由正转负，而是科技人才集聚依然对区域创新产出发挥正的边际作用，但其边际效应已经开始减弱，目前高集聚处在科技人才集聚的第二个阶段。

第五节　几个中介效应的进一步检验和结果分析

通过本章前面的几个小节已得出科技人才集聚对区域创新产出的全部影响效应，按照第五章中的机制分析可知，科技人才集聚是通过知识溢出效应、时间效应、信息共享效应、规模效应和集聚成本五个方面产生作用。由于集聚成本是通过对知识溢出等作用进而对区域创新产出产生影响，因此本节为了验证科技人才集聚是否通过这四个效应发生作用，在前面模型的基础上，引入中介效应模型并利用模型和相关数据做进一步的检验和结果分析。

一、中介效应模型的原理

目前对中介效应的方法大体上可以分为两类：因果步骤法和系数乘积法。其中因果步骤法应用较为广泛，本书就因果步骤法进行说明。

因果步骤法由巴伦和肯尼（Baron and Kenny, 1986）提出，其检验步骤分为三步（见图6-2）：一是自变量 X 对因变量 Y 进行回归，检验回归系数 c 的显著性，由于不涉及中介变量，所以 c 为 X 对 Y 的总效应。二是自变量 X 对中介变量 M 回归，检验回归系数 a 的显著性。三是自变量 X 和中介变量 M 同时对因变量 Y 进行回归，对回归系数 b 和 c' 的显著性进行检验。如果系数 c、a 和 b 都显著，表示存在中介效应；如果 c' 显著并且系数的大小小于 c，说明该中介效应为部分中介效应；如果 c' 不显著，说明该中介效应为完全中介效应。

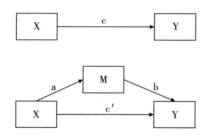

图 6-2　中介效应原理

本书采用因果步骤法，根据 Taylor 等（2008）的三重路径中介效应模型，设定回归模型如下：

$$INNO_{it} = a_0 + a_1 AGG_{it} + \sum_{i=2}^{n} a_i control_{it} + \varepsilon_1 \tag{6-14}$$

$$INTER_{it} = \beta_0 + \beta_1 AGG_{it} + \sum_{i}^{n} \beta_i control_{it} + \varepsilon_2 \tag{6-15}$$

$$INNO_{it} = \lambda_0 + \lambda_1 AGG_{it} + \lambda_2 INTER_{it} + \sum_{i=2}^{n} \lambda_i control_{it} + \varepsilon_3 \tag{6-16}$$

其中，$INNO_{it}$ 为 i 地区 t 年份的区域创新产出，本节以每万人的专利授权量为区域创新的代理变量。AGG_{it} 表示 i 地区 t 年份的科技人才集聚度，$INTER_{it}$ 为 i 地区 t 年份的中介变量，本书主要指知识溢出效应、时间效应、信息共享效应和规模效应等。$control_{it}$ 指控制变量，控制变量主要有区域人均GDP、政府政策、外商直接投资、金融发展、产业结构等变量。

二、中介效应的实证数据和结果分析

（一）知识溢出效应的指标选择

关于知识溢出的代理变量学术界没有统一的标准，目前知识溢出有两类：一类为通过计算得出，例如，艾罗（Alello，2004）等企业间地理距离的倒数为知识溢出研究的基础，表明知识溢出随距离增加而降低。另一类为直接使用某一变量作为知识溢出的代理变量，例如，许箫迪（2007）选取地区中高等学校数量、高校毕业生以及每十万人中的大学生数量为代理变量。还有郭小婷（2017）分析时利用高校等机构科研经费来源于企业资金数量说明知识溢出，原因为企业对高校资助越多则交流越多，其知识交流越多。因此，运用高校等机构科研经费来源于企业资金数量指标作为知识溢出的代理指标，数据来源于《中国科技统计年鉴》（2001—2018）。

（二）时间效应的指标选择

随着科学技术的高速发展，知识的更新频率也在不断加快，人才技能的时效性也不断凸显。时间效应的衡量主要通过一定时间和区域内知识的生产量，当一个地区的知识更新较快，其知识的生产速度也就越快，借鉴王聪（2017）选取的时间效应指标新技术市场成交额、图书出版总数和图书馆新书等，该指标说明了知识的更新速度。利用各省市历年新书出版种类总数作为时间效应的代理变量，数据来源于《中国统计年鉴》（2001—2018）。

（三）信息共享效应的指标选择

随着互联网的不断普及和应用，信息的传播方式从传统的纸质媒介向现代的电子媒介转变，信息共享效应也随着时代的转变表现为网络使用者的覆盖程度和频率（凌美秀，2013）。基于此，在衡量信息共享效应时，选择与其密切相关的区域计算机上网人数作为信息共享效应，数据来源于《中国第三产业统计年鉴》（2001—2018）。

（四）规模效应的指标选择

规模效应是指在一定区域内，科技人才集聚到一定规模所带来的效应，由于科技人才集聚往往伴随企业和产业的集聚，因此，赵秀花（2012）在分析人才集聚效应时使用的人才规模效应指标有地区生产总值、地区新产品销售收入及工业企业新产品开发经费。借鉴其评价指标，选择各省市工业企业新产品开发经费来衡量规模效应，数据来源于《工业企业科技活动统计年鉴》（2005—2015）以及《中国统计年鉴》（2016—2018）。

根据式（6-15）人才集聚对人才集聚效应的回归分析，分别以知识溢出、时间效应、信息共享效应和规模效应为因变量，以科技人才集聚为核心自变量进行分析，即分析上文中 X 对 M 的回归，检验回归系数 a 的显著性。

根据表 6-9 所示，科技人才集聚对知识溢出、时间效应、信息共享效应和规模效应在低集聚阶段的系数分别为 0.124、0.868、0.317 和 0.406，并且分别在 5%、1%、1% 和 1% 的水平上显著。表明在科技人才集聚的低阶段科技人才集聚能够产生对知识溢出、时间效应、信息共享效应和规模效应的影响。根据表 6-10 科技人才集聚对知识溢出、时间效应、信息共享效应和规模效应在高集聚阶段的系数分别为 0.039、0.049、0.087 和 0.073，并且分别在 10%、1%、1% 和 10% 的水平上显著，说明目前在科技人才的高集聚阶段，依然会产生知识溢出、时间效应、信息共享效应和规模效应，但从影响大小来看，在科技人才的高集聚阶段的效应大小均小于在科技人才的低集聚阶段。由于无论是在科技人才的高集聚阶段还是低集聚阶段效果均显著，因此可以根据式（6-16）进行下一步的分析，即将科技人才集聚和相应的集聚效应分别纳入模型，分析纳入模型后影响系数，在科技人才集聚的低阶段和高阶段，如果科技人才集聚的系数不再显著，而知识溢出、时间效应、信息共享效应和规模效应对应的变量显著，那么说明对应的集聚效应为完全中介变量，如果纳入的科技人才集聚与相应的集聚效应同时显著，那么说明为部分中介变量。由此，得到科技人才集聚对区域创新产出影响的中介效应估计结果如表 6-11 和表 6-12 所示。

表6-9　科技人才集聚对中介变量的影响估计结果（低集聚阶段）

	模型 1 知识溢出效应	模型 2 时间效应	模型 3 信息共享效应	模型 4 规模效应
核心自变量（AGG）	0.124 ** （0.058）	0.868 *** （0.062）	0.317 *** （0.063）	0.406 *** （0.065）
控制变量	控制	控制	控制	控制
常数	0.202	−1.142	−1.123	−0.775
R^2	0.641	0.778	0.772	0.621
N	432	432	432	432

注：**、***分别表示在5%、1%的水平上显著。

表6-10　科技人才集聚对中介变量的影响估计结果（高集聚阶段）

	模型 1 知识溢出效应	模型 2 时间效应	模型 3 信息共享效应	模型 4 规模效应
核心自变量（AGG）	0.039 * （0.018）	0.049 *** （0.006）	0.087 *** （0.012）	0.073 * （0.041）
控制变量	控制	控制	控制	控制
常数	1.279	1.863	−6.978	8.44
R^2	0.520	0.575	0.785	0.658
N	108	108	108	78

注：*、***分别在10%、1%的水平上显著。

　　通过表6-11和表6-12可以发现，在科技人才的低集聚阶段，无论是知识溢出、时间效应、信息共享效应还是规模效应，科技人才集聚的系数均显著，说明以上四种效应均为部分中介变量，其中，知识溢出的系数为0.136、时间效应的系数为0.386、信息共享效应的系数为0.794，并且在5%和1%的水平上显著，只有规模效应系数不显著，说明在科技人才集聚的低阶段，科技人才集聚主要是通过知识溢出、时间效应、信息共享效应对区域创新产出产生影响。

　　在科技人才的高集聚阶段，无论是知识溢出、时间效应、信息共享效应还是规模效应，科技人才集聚的系数均显著，同样说明以上四种效应均为部分中介变量，其中知识溢出效应的系数为 0.251、规模效应的系数为 0.735，并且在 10% 和 5% 的水平上显著，时间效应和信息共享效应系数不显著，说明在科技人才集聚的高阶段，科技人才集聚主要是通过知识溢出效应和规模效应对区域创新产出产生影响。

表 6-11　科技人才集聚对区域创新产出的中介效应估计结果（低集聚阶段）

	模型 1	模型 2	模型 3	模型 4
核心自变量（AGG）	2.156***	2.135***	2.783***	3.244***
	(0.290)	(0.303)	(0.306)	(0.299)
知识溢出	0.136**			
	(0.061)			
时间效应		0.386***		
		(0.133)		
信息共享效应			0.794***	
			(0.203)	
规模效应				0.213
				(0.201)
控制变量	控制	控制	控制	控制
R^2	0.705	0.669	0.685	0.702
N	408	408	408	360
Wald 检验	986.36	623.61	837.45	997.96

注：**、***分别表示在 5%、1% 的水平上显著。

表 6-12　科技人才集聚对区域创新产出的中介效应估计结果（高集聚阶段）

	模型 1	模型 2	模型 3	模型 4
核心自变量（AGG）	0.571**	0.564**	0.480*	0.554*
	(0.224)	(0.233)	(0.262)	(0.228)
知识溢出	0.251*			
	(0.134)			
时间效应		2.835		
		(2.678)		

续表

	模型 1	模型 2	模型 3	模型 4
信息共享效应			1.006	
			(0.659)	
规模效应				0.735**
				(0.330)
控制变量	控制	控制	控制	控制
R^2	0.581	0.564	0.571	0.555
N	102	102	102	102
Wald 检验	102.31	98.35	100.82	107.35

注：*、**分别表示在 10%、5%的水平上显著。

第六节　稳健性实证分析

本节分析科技人才集聚的低集聚阶段和高集聚阶段对区域创新产出影响的稳健性，目前稳健性的分析方法主要有以下三种：第一种是更换变量，通过变换自变量或者因变量后的方式对两者再次进行回归，通过观察显著性的方式确定回归的稳健性；第二种是更换回归模型，通过变化模型对核心变量和因变量再次回归，观察回归模型的显著性来判断分析对象的稳健性；第三种为加入滞后项，通过添加滞后项的方式，使因变量或者自变量起到外生的效果从而检验模型的稳健性。根据以上思路，对模型的稳健性检验是更换空间矩阵，即第一种方法的方式分析科技人才集聚与区域创新产出的稳健性。

表 6-13 和表 6-14 列出了利用地理距离矩阵分别由专利授权、新产品销售和科技论文三个因变量从科技人才的低集聚和高集聚两个方面对稳健性回归的结果。

从表 6-13 可以看出，在回归模型中 R^2 的值分别为 0.724、0.558 和 0.626，Wald 值分别为 601.03、360.58 和 508.66，说明在科技人才集聚的低集聚阶段更换空间矩阵后回归同样稳健。从回归系数来看，科技人才集聚的集聚系数分别为 0.983、1.827 和 0.307，并且分别在 5%、1% 和 10% 的水平上显著，表明科技人才集聚对区域创新产出的影响在更换变量后仍然保持稳健。

表 6-13　地理距离矩阵的 SDM+GMM 模型回归（低集聚阶段）

变量名	专利授权	新产品销售	科技论文
创新产出滞后项（L. INNO）	1.631***	0.666***	0.073*
	(0.212)	(0.189)	(0.038)
核心自变量（AGG）	0.983**	1.827***	0.307*
	(0.479)	(0.398)	(0.181)
创新资本投入（CAPI）	0.285	0.497**	0.011
	(0.208)	(0.207)	(0.095)
科技人才规模（SCAL）	0.465***	0.075	0.195***
	(0.171)	(0.181)	(0.087)
经济发展（PGDP）	0.321	−0.144	0.222
	(0.264)	(0.299)	(0.140)
政府政策（GOV）	0.609***	0.293***	0.167***
	(0.078)	(0.062)	(0.035)
外商直接投资（FDI）	−0.119	0.183**	0.078*
	(0.079)	(0.087)	(0.044)
产业结构（DUST）	−0.035	0.265	0.015
	(0.051)	(0.046)	(0.032)
金融发展（FINS）	−0.127***	0.080*	0.122***
	(0.035)	(0.032)	(0.023)
观察值	408	306	306

续表

变量名	专利授权	新产品销售	科技论文
地区数量	24	18	18
R^2	0.724	0.558	0.626
Wald 检验	601.03	360.58	508.66

注：*、**、***分别表示 10%、5%、1%的水平上显著。

从表 6-14 可以看出，在回归模型中 R^2 的值分别为 0.691、0.726 和 0.721，Wald 值分别为 351.88、649.55 和 538.89，说明在科技人才集聚的高集聚阶段更换空间矩阵后回归同样稳健。从回归系数来看，科技人才集聚的集聚系数分别为 0.639、-0.019 和 0.030，并且分别在 5%、5% 和 1% 的水平上显著，表明科技人才集聚对区域创新产出的影响在更换变量后仍然保持稳健。

表 6-14　地理距离矩阵的 SDM+GMM 模型回归（高集聚阶段）

变量名	专利授权	新产品销售	科技论文
创新产出滞后项（L. INNO）	0.905***	0.768***	2.419***
	(0.240)	(0.186)	(0.128)
核心自变量（AGG）	0.639**	-0.019**	0.030***
	(0.075)	(0.008)	(0.008)
创新资本投入（CAPI）	-0.611	-0.227**	0.193
	(1.697)	(0.148)	(0.063)
科技人才规模（SCAL）	2.064	0.017	0.149***
	(1.201)	(0.173)	(0.087)
经济发展（PGDP）	-4.857***	-0.569	-0.030
	(1.591)	(0.244)	(0.118)
政府政策（GOV）	0.729	0.602***	0.328***
	(0.809)	(0.101)	(0.056)
外商直接投资（FDI）	2.664***	0.284***	0.013**
	(0.666)	(0.084)	(0.034)
产业结构（DUST）	0.810	0.680***	-0.027
	(0.865)	(0.062)	(0.019)

变量名	专利授权	新产品销售	科技论文
金融发展（FINS）	0.834 **	-0.037	0.013 *
	(0.374)	(0.024)	(0.007)
观察值	102	204	204
地区数量	6	12	12
R^2	0.691	0.726	0.721
Wald 检验	351.88	649.55	538.89

注：*、**、***分别表示在10%、5%、1%的水平上显著。

对比科技人才的低集聚和高集聚阶段回归系数可知，在高集聚阶段无论是以专利授权、新产品销售还是科技论文为因变量进行回归分析，其科技人才集聚对区域创新产出影响的系数均小于低集聚阶段的回归系数。

本章小结

本章的主要内容为通过实证分析科技人才集聚对区域创新产出的影响。首先，通过空间关联性分析，得出科技人才集聚和区域创新产出均有空间关联性，在将数据的空间性过滤后通过门槛模型回归得出科技人才集聚对区域创新有非线性的关系，再通过门槛值将科技人才集聚分为低集聚和高集聚阶段；其次，将低集聚和高集聚两个阶段分别利用 GMM 模型进行回归分析，得出科技人才集聚在低集聚阶段和高集聚阶段均对区域创新产出有正向影响，但高集聚阶段的科技人才集聚系数小于低集聚阶段的系数，说明我国科技人才集聚对区域创新产出的作用开始减小；最后，利用中介效应模型验证了科技人才集聚对区域创新产出的影响机制。

第七章 科技人才集聚对区域创新产出影响的异质性实证研究

　　本章分析科技人才对区域创新产出影响的异质性主要从创新环境、地区以及部门科技人才集聚三个方面进行分析，具体内容如图7-1所示。其中创新环境主要是指上文中提到的创新资本投入、经济环境、外商投资、政府政策、产业结构和金融发展（本章将创新资本投入也考虑在内），使用的方法为PSTR模型，利用该模型主要解决两个问题：一是不同创新环境下科技人才对区域创新产出是否存在非线性关系；二是这种非线性关系的转换速度如何。地区异质性是将我国划分为东、中、西三大区域，同时假定在各区域内的省份具有同质性，而其他地区为异质性。部门异质性是指将我国科技人才分为工业企业、研究与开发机构和高等学校三个部门，这三个部门的特点为工业企业具有较强的市场行为、研究与开发机构在我国多数由政府管理，而高等学校是以知识和理论创新为主，通过分析这三者之间的异质性分析科技人才集聚对区域创新产出的影响。在地区和部门异质性分析时利用的方法与第六章的方法相同，主要利用带有空间效应的GMM模型。

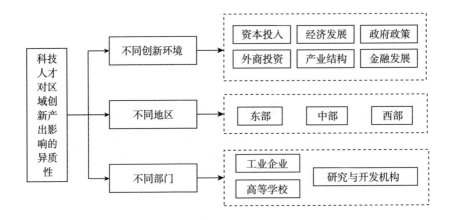

图 7-1　我国科技人才集聚对区域创新产出影响异质性分析

第一节　不同创新环境下科技人才集聚对 区域创新产出影响的实证分析

本节分为两个部分：第一部分是模型的设定，通过对 PSTR 模型的引入说明 PSTR 的使用情况，以及对该模型的设定；第二部分通过回归结果分析不同创新环境下科技人才集聚对区域创新产出的影响。

一、不同创新环境下科技人才集聚对区域创新产出影响的模型设定

（一）PSTR 模型简介

面板平滑转换模型（PSTR）实证是由面板门槛模型（PTR）演化而来，目前在进行变量间的非线性关系实证分析中得到了广泛应用。面板门槛模型设定两阶段或者三阶段的线性回归，每阶段设有一个参数值并假定参数值在门槛前后不同，参数值有一个瞬间变化的跳跃过程。而现实中，变量之间的关系通常是连续变化的，因此面板模型难以对该变化过程给予刻画。为此，冈萨雷斯（González，2005）扩展了面板门槛模型，进而提出了 PSTR 模型，PSTR 模型的优点在于克服了面板门槛模型中门槛值前后发生突变的问

题，允许转换变量在模型中进行平滑转换，一个基本的两区制 PSTR 模型具体形式为：

$$y_{it} = u_i + \beta_0 x_{it} + \beta_i x_{it} g(q_{it}; \gamma, c) + \varepsilon_{it}, \quad i = 1, 2, \cdots, N, \quad t = 1, 2, \cdots, T$$

(7-1)

转移函数为：

$$g(q_{it}; \gamma, c) = \left\{ 1 + \exp\left[-\gamma \prod_{j=1}^{m} (q_{it} - c_j) \right] \right\}^{-1}, \quad \lambda > 0, \quad c_1 \leqslant c_2 \leqslant \cdots \leqslant c_m$$

(7-2)

其中，y_{it} 为因变量，也称为被解释变量；x_{it} 为自变量，也称为解释变量；u_i 表示个体固定效应；ε_{it} 表示随机误差项；β_i 表示自变量对因变量的影响系数。$g(q_{it}; \gamma, c)$ 是转移函数，其值在 [0, 1] 之间；γ 为转移系数：当该系数无穷大时，模型接近于面板门槛模型；当该系数无穷小时，表示该模型无线接近于线性模型，门槛作用不在显著。c 表示位置参数，m 表示位置参数的个数，通常 m 取值为 1 或 2：当 m 取值为 1 时，表示 PSTR 模型为两区制模型；当 m 取值为 2 时，表示 PSTR 模型为三区制模型。

（二）PSTR 模型构建

基于第五章纳入科技人才集聚后的区域创新产出影响框架分析和第六章实证分析中数据和变量的选择，本节运用 PSTR 模型分别检验了以创新资本投入、经济发展、政府政策、外商直接投资、产业结构和金融环境为转换变量时，我国科技人才集聚对区域创新产出的非线性效应。根据 PSTR 模型的原理，构造的科技人才集聚与区域创新产出之间关系 PSTR 模型如下式所示：

$$INNO_{it} = u_i + \beta_{01} AGG_{it} + \sum_{i}^{n} \beta_{0i} X_{it} + \beta_{11} AGG_{it} \times g(CAPI_{it}; \gamma, c) + \varepsilon_i$$

(7-3)

$$INNO_{it} = u_i + \beta_{01} AGG_{it} + \sum_{i}^{n} \beta_{0i} X_{it} + \beta_{11} AGG_{it} \times g(PGDP_{it}; \gamma, c) + \varepsilon_i$$

(7-4)

$$INNO_{it} = u_i + \beta_{01} AGG_{it} + \sum_{i}^{n} \beta_{0i} X_{it} + \beta_{11} AGG_{it} \times g(GOV_{it}; \gamma, c) + \varepsilon_i$$

(7-5)

$$INNO_{it} = u_i + \beta_{01}AGG_{it} + \sum_{i}^{n} \beta_{0i}X_{it} + \beta_{11}AGG_{it} \times g(FDI_{it};\ \gamma,\ c) + \varepsilon_i$$

$$(7-6)$$

$$INNO_{it} = u_i + \beta_{01}AGG_{it} + \sum_{i}^{n} \beta_{0i}X_{it} + \beta_{11}AGG_{it} \times g(INDU_{it};\ \gamma,\ c) + \varepsilon_i$$

$$(7-7)$$

$$INNO_{it} = u_i + \beta_{01}AGG_{it} + \sum_{i}^{n} \beta_{0i}X_{it} + \beta_{11}AGG_{it} \times g(FINS_{it};\ \gamma,\ c) + \varepsilon_i$$

$$(7-8)$$

式（7-3）至式（7-8）表示不同创新环境下科技人才集聚对区域创新产出的影响。其中，区域创新产出（INNO）表示地区的人均创新产出用专利授权量表示，科技人才集聚（AGG）表示科技人才集聚，X 表示控制变量，控制变量与前文相同，创新资本投入（CAPI）表示人资本存量，经济发展（PGDP）表示人均 GDP，政府政策（GOV）表示政府的人均科研支出，外商直接投资（FDI）表示省份的外商直接投资，产业结构（DUST）表示第二、第三产业占 GDP 的比重，金融发展（FINS）表示区域的金融发展。

二、不同创新环境下科技人才集聚与区域创新产出影响的结果分析

根据 PSTR 模型的检验原理，在将创新资本投入、经济环境、外商投资、政府政策、产业结构和金融环境作为转换变量，分析科技人才集聚对区域创新产出的非线性作用之前，需要利用拉格朗日乘子（LM）、F 检验（LMF）以及 LRT 统计检验等分两步进行统计分析以确定模型的具体形式，第一步通过设定原假设 H_0：不存在非线性特征，检验结果如表 7-1 所示；第二步设定原假设 H_0：存在一个阈值，两区制模型，检验结果如表 7-2 所示。

表 7-1　PSTR 模型的非线性特征检验结果

位置参数	m = 1		m = 2	
统计量	结果	P 值	结果	P 值
Wald Tests（LM）	356.773	0.000	379.710	0.000

续表

位置参数	m＝1		m＝2	
统计量	结果	P 值	结果	P 值
FisherTests（LMF）	163.562	0.000	98.310	0.000
LRT Tests（LRT）	583.656	0.000	655.877	0.000

表 7-2　PSTR 模型剩余异质性检验

原假设与 备则假设	统计量	m＝1		m＝2	
		结果	P 值	结果	P 值
H_0：r＝1， H_1：r＝2	Wald Tests（LM）	13.402	0.037	25.523	0.013
	Fisher Tests（LMF）	2.036	0.059	1.960	0.026
	LRT Tests（LRT）	16.571	0.035	26.146	0.010

　　由表 7-1 得出，拉格朗日乘子（LM）、F 检验（LMF）以及 LRT 统计检验统计量分别为 356.773、163.562、583.656 均在 1% 的水平上显著。表明利用线性模型不足以反映科技人才集聚与区域创新产出之间的关系，因而拒绝原假设，接受备择假设选用 PSTR 模型。

　　由表 7-2 可知，剩余异质性的拉格朗日乘子（LM）、F 检验（LMF）以及 LRT 统计检验均无法拒绝只包含一个转移函数、两区制的原假设。由此可以确定 PSTR 模型的最优转移函数个数为 1 个。

　　表 7-3 说明当位置参数等于 1 时，各转移函数的 AIC 值和 BIC 值都相对更小，这意味着 PSTR 模型应选择两区制模型。

表 7-3　转移函数个数的检验分析

转移函 数个数	创新资本投入		经济发展		外商投资		政府政策		产业结构		金融发展	
	AIC	BIC	AIC	BIC	AIC	BIC	AIC	BIC	AIC	BIC	AIC	BIC
m＝1	1.461	2.048	2.092	2.185	2.411	2.270	1.245	2.458	2.803	2.797	3.978	3.019
m＝2	1.463	2.070	2.268	2.415	2.560	2.329	1.332	2.484	3.515	3.381	4.480	3.144

在确定 PSTR 模型为一个转移函数和两区制的基础上，运用非线性最小二乘法估计 PSTR 模型参数，表7-4 为相应的估计结果。

表7-4　不同创新环境对科技人才集聚的区域创新产出影响 PSTR 回归结果

解释变量	系数	不同创新环境变量					
		创新资本投入	经济发展	政府政策	外商直接投资	产业结构	金融发展
线性系数							
核心自变量（AGG）	β_{00}	0.356* (0.207)	0.968 (13.702)	1.173** (0.510)	0.381 (0.651)	-0.231** (0.121)	-3.197 (4.440)
创新资本投入（CAPI）	β_{01}	-2.675 (1.461)	-1.003 (1.367)	2.191*** (0.330)	2.480** (1.064)	4.315 (3.995)	-2.440 (2.093)
科技人才规模（SCAL）	β_{02}	0.403 (1.374)	0.453 (1.106)	1.583*** (0.554)	1.379* (0.715)	2.335 (2.007)	0.473 (2.636)
经济发展（PGDP）	β_{03}	3.481*** (1.287)	1.908** (0.845)	0.974 (0.777)	0.277 (0.365)	0.354*** (0.004)	3.385 (3.178)
政府政策（GOV）	β_{04}	0.541 (0.227)	1.934 (1.282)	1.834 (1.254)	1.257* (0.751)	0.316 (0.632)	0.554 (0.940)
外商直接投资（FDI）	β_{05}	1.881 (1.034)	0.167 (0.795)	0.184** (0.098)	0.407 (0.241)	0.754 (0.854)	1.871* (1.073)
产业结构（DUST）	β_{06}	-0.7193 (0.614)	(-0.775) (0.619)	2.970 (0.589)	3.627*** (1.004)	6.342 (6.210)	-0.709 (0.614)
金融发展（FINS）	β_{07}	0.269 (0.121)	0.264 (0.129)	-0.657 (4.210)	-0.304*** (0.112)	0.896 (6.987)	0.149 (0.191)
非线性系数							
核心自变量（AGG）	β_{10}	2.095* (0.127)	3.254** (1.701)	3.054* (1.804)	1.406*** (0.145)	1.051** (0.489)	4.969* (2.67)
位置参数 c		7.56	1.97	2.13	3.25	0.38	5.36
斜率参数 γ		0.94	0.031	1.72	1.95	0.007	0.89

注：*、**、***分别表示在10%、5%、1%的水平上显著。

通过表7-4能够发现，在不同创新环境下科技人才集聚对区域创新产出的影响会发生显著变化。

（1）就创新资本投入而言，当创新资本投入小于门槛值点7.56时，科技人才集聚对区域创新产出的影响为0.356，在10%的水平上显著，说明在创新资本投入较小的情况下科技人才集聚仍然会发生作用；而当科技人才集聚达到门槛值点7.56时，转换函数的数值处于1/2的位置，此时科技人才集聚对区域创新产出的影响大小为2.095；当创新资本投入进一步增长、完全越过阈值1.17之后，此时转换函数的数值为1，科技人才集聚对区域创新产出的作用系数将稳定在2.451。可见，随着创新投入的增加，科技人才集聚对区域创新产出的促进作用会一直存在。

（2）就经济发展而言，当经济发展小于门槛值点1.97时，科技人才集聚对区域创新产出的影响为0.968，在10%的水平上不显著。说明经济发展较低时科技人才集聚同样无法发挥作用；而当经济发展达到门槛值点1.97时，转换函数的数值处于1/2的位置，此时科技人才集聚对区域创新产出的影响大小为3.254；当经济发展进一步提高，完全越过阈值1.97之后，此时转换函数的数值为1，科技人才集聚对区域创新产出的作用系数将稳定在4.222。由此得出，经济发展的不同会对科技人才集聚的区域创新产出影响产生阶段影响。

（3）就政府政策而言，当政府对创新的投资支持小于门槛值2.13时，科技人才集聚对区域创新产出的影响为1.173，并且在5%的水平上显著，说明政府支持的效果较为明显。而当政府支持达到门槛值点2.13时，转换函数的数值处于1/2的位置，此时科技人才集聚对区域创新产出的影响系数为3.054；当政府支持进一步加剧、完全越过阈值2.13之后，此时转换函数的数值为1，科技人才集聚对区域创新产出的作用系数将稳定在4.227。

（4）从外商直接投资环境来看，当外商投资小于门槛值点3.25时，科技人才集聚对区域创新产出的影响为0.381，但并不显著，说明在外商投资较小的情况下，科技人才集聚对区域创新产出的影响并不显著。而当外商投资达到门槛值点3.25时，转换函数处于1/2的位置，此时科技人才集聚对区域创新产出的影响系数为 1.406；当外商投资进一步增加，完全越过阈值 3.25 之后，此时转换函数的数值为 1，科技人才集聚对区域创新产出的作用系数将稳定在 1.787。

（5）从产业结构来看，当产业结构小于门槛值点 0.38 时，科技人才集聚对区域创新产出的影响为 −0.231，并且在 5% 的水平上显著，说明在第一产业为主的经济结构中集聚并不利于区域创新产出；而当产业结构达到门槛值点 0.38 时，转换函数的数值处于 1/2 位置，相应地，科技人才集聚对区域创新产出的影响系数为 1.051；当产业结构进一步优化，完全越过阈值 0.38 之后，此时转换函数的数值为 1，科技人才集聚对区域创新产出的作用系数将稳定在 1.220。

（6）就金融发展而言，当金融小于门槛值点 5.36 时，科技人才集聚对区域创新产出的影响为 −3.197，但并不显著，说明在创新投入较小的情况下；而当金融发展达到门槛值 5.36 时，转换函数的数值处于 1/2 位置，此时科技人才集聚对区域创新产出的影响系数为 4.969；当金融发展进一步优化、完全越过阈值 5.36 之后，此时转换函数的数值为 1，科技人才集聚对区域创新产出的作用系数将稳定在 1.772。

在分析不同创新环境对区域创新的影响之后，图 7−2 画出不同环境下，科技人才集聚对区域创新产出影响的转换速率，由图 7−2 可知，创新投入、经济发展、外商投资、政府政策、产业结构和金融发展等转移趋势的变化都较为平滑。但其中经济环境和产业结构的转移系数相对较小，PSTR 模型的斜率系数仅为 0.031 和 0.007，参数估计值在高低区制之间将实现渐进转换，外商投资和政府支持对科技人才集聚影响区域创新产出的转换速率最快，斜率系数相对较大，系数分别为 1.72 和 1.95。创新投入和金融发展的转换系数相对居中，系数分别为 0.94 和 0.89。各模型的转换函数值从 0 增加到 1，科技人才集聚对区域创新产出的影响系数也将实现平滑迁移。

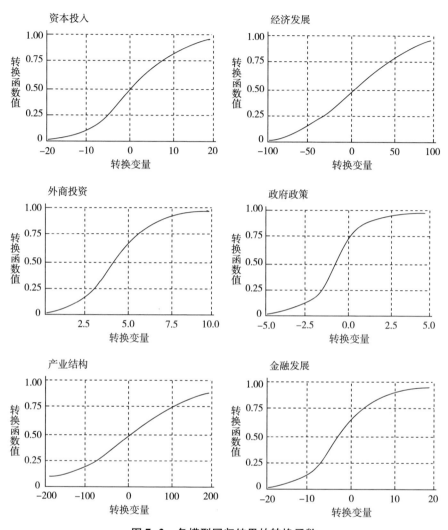

图7-2　各模型回归结果的转换函数

第二节　不同地区科技人才集聚对区域创新产出的实证研究

由于中国特殊的空间地缘关系，东部沿海地区科技人才集聚发展迅速，中、西部地区科技人才集聚相对落后。近年来，我国政府正在采取各种措施以促进区域的协调发展。为了充分考虑区域差异造成的科技人才集聚对区域创新产出影响的异质性，本节将全国分为东部沿海、中部和西部三个区域，进一步探讨科技人才集聚对区域创新产出的差别。其中东部地区包括的11个省级行政区，包括北京、天津、河北、辽宁、上海、江苏、浙江、福建、山东、广东和海南11个省（市）；中部地区有8个省级行政区，分别是山西、吉林、黑龙江、安徽、江西、河南、湖北、湖南；西部地区包括的省级行政区共12个，分别是四川、重庆、贵州、云南、西藏、陕西、甘肃、青海、宁夏、新疆、广西、内蒙古，由于数据的缺乏，西藏未统计在内。本节的分析思路为，首先对划分的三大地区进行单位根检验，其次在单位根检验的基础之上利用SDM+GMM模型分析科技人才集聚对区域创新产出的影响。

一、我国东、中、西三大区域各变量的单位根检验

在回归分析前先对面板数据进行单位根检验，因为如果变量不是都为零阶单整时，不能直接进行回归分析。对面板数据的单位根检验主要有面板单位根检验主要有 LLC 检验、IPS 检验、Fisher-ADF 检验、Fisher-PP 检验四种方式。利用 LLC 方法对模型的单位根进行检验，结果如表 7-5 所示。根据面板数据单位根检验的结果，原假设均为存在单位根。在 1% 的显著性水平下，各变量均存在单位根，无法直接进行回归检验，在一阶差分之后得出，东、中、西各变量的 P 值为 0.0000，说明各变量在一阶差分后不再存在单位根的情况，变量存在同阶单整的情况，可以进行回归分析。

表 7-5　我国东、中、西三大地区各变量的 LLC 单位根检验

变量	东部		中部		西部	
	P 值	结果	P 值	结果	P 值	结果
ZHL	0.5671	不平稳	0.4764	不平稳	0.4995	不平稳
ΔZHL	0.0000	平稳	0.0001	平稳	0.0001	平稳
XCP	0.4892	不平稳	0.2695	不平稳	0.0211	不平稳
ΔXCP	0.0000	平稳	0.0000	平稳	0.0000	平稳
LUN	0.1235	不平稳	0.2554	不平稳	0.0425	不平稳

续表

变量	东部		中部		西部	
	P 值	结果	P 值	结果	P 值	结果
ΔLUN	0.0000	平稳	0.0000	平稳	0.0000	平稳
AGG	0.0165	不平稳	0.3899	不平稳	0.0185	不平稳
ΔAGG	0.0000	平稳	0.0000	平稳	0.0000	平稳
CAPI	0.0577	不平稳	0.1611	不平稳	0.0149	不平稳
ΔCAPI	0.0000	平稳	0.0000	平稳	0.0000	平稳
SCAL	0.1054	不平稳	0.3654	不平稳	0.0126	不平稳
ΔSCAL	0.0000	平稳	0.0000	平稳	0.0000	平稳
PGDP	0.1425	不平稳	0.0185	不平稳	0.0145	不平稳
ΔPGDP	0.0000	平稳	0.0000	平稳	0.0000	平稳
GOV	0.0058	不平稳	0.4491	不平稳	0.0139	不平稳
ΔGOV	0.0000	平稳	0.0000	平稳	0.0000	平稳
FDI	0.0093	不平稳	0.7131	不平稳	0.6530	不平稳
ΔFDI	0.0000	平稳	0.0001	平稳	0.0000	平稳
DUST	0.0082	不平稳	0.1856	不平稳	0.3099	不平稳
ΔDUST	0.0000	平稳	0.0000	平稳	0.0000	平稳
FINS	0.0639	不平稳	0.1509	不平稳	0.0032	不平稳
ΔFINS	0.0000	平稳	0.0000	平稳	0.0000	平稳

二、我国东、中、西三大区域科技人才集聚对区域创新产出实证结果分析

在确认各变量均为同阶单整的情况下，再对我国东、中、西的具体回归模型进行检验，检验结果见表 7-6。

表 7-6　我国东、中、西双向杜宾模型检验结果

		东部	中部	西部
专利授权	Wald-lag 检验	79.647***	40.573***	54.037***
	Wald-error 检验	60.462***	48.242***	52.148***
	LR-lag 检验	41.247***	38.457***	53.439***
	LR-error 检验	41.120***	36.676***	51.821***

		东部	中部	西部
新产品 销售	Wald-lag 检验	70. 277***	35. 800***	47. 680***
	Wald-error 检验	53. 349***	42. 566***	46. 013***
	LR-lag 检验	36. 394***	33. 933***	47. 152***
	LR-error 检验	36. 282***	32. 361***	45. 724***
科技论文	Wald-lag 检验	62. 965***	32. 075***	42. 719***
	Wald-error 检验	47. 798***	38. 138***	41. 225***
	LR-lag 检验	32. 608***	30. 402***	42. 246***
	LR-error 检验	32. 507***	28. 994***	40. 967***

由表 7-6 可以看出，从东、中、西三个地区来看，以专利授权作为因变量空间滞后和空间误差东、中、西的检验结果分别为东部 79. 647、60. 462，中部 40. 573、48. 242，西部 54. 037、52. 148，均在 1% 的水平上显著。LR 滞后检验和 LR 误差检验的结果分别为东部 41. 247、41. 120，中部 38. 457、36. 676，西部 53. 439、51. 821，同样均在 1% 的水平上显著。因此无法拒绝使用空间杜宾模型。以新产品销售作为因变量的空间滞后和空间误差东、中、西的检验结果分别为东部 70. 277、53. 349，中部 35. 800、42. 566，西部 47. 680、46. 013，均在 1% 的水平上显著。LR 滞后检验和 LR 误差检验的结果分别为东部 36. 394、36. 282，中部 33. 933、32. 361，西部 47. 152、45. 724，同样均在 1% 的水平上显著。以科技论文作为因变量的空间滞后和空间误差东、中、西的检验结果分别为东部 62. 965、47. 798，中部 32. 075、38. 138，西部 42. 719、41. 225，均在 1% 的水平上显著。LR 滞后检验和 LR 误差检验的结果分别为东部 32. 608、32. 507，中部 30. 402、28. 994，西部 42. 246、40. 967，同样均在 1% 的水平上显著。同时为了科技人才集聚与区域创新的内生性问题，采用 SDM+GMM 模型。

因变量分别采用专利授权、新产品销售和科技论文三个指标，利用 SDM+GMM 模型得到我国东、中、西三大区域的回归结果如表 7-7 至表 7-9 所示。

表 7-7 列出了我国东部地区专利授权、新产品销售和科技论文作为因变

量模型下科技人才集聚对区域创新产出影响的回归结果。首先，由回归结果的检验看，三个模型的 R² 值分别为 0.578、0.597 和 0.652，Wald 检验值为 235.54、871.83 和 943.10，回归模型有较好的拟合效果；其次，无论是以专利授权、新产品销售还是科技论文为因变量，科技人才集聚均产生正向影响，系数分别为 0.421、0.027 和 0.052，并且在 1%、10% 和 1% 的水平上显著。具体而言，东部地区科技人才集聚每增加一个单位，人均专利授权量增加 0.421 个，新产品销售量增加 0.027%，科技论文增加 0.052%。比较人均专利授权量和新产品销售量的增速可知，即使改变因变量的指标，东部地区科技人才集聚对区域创新产出的作用同样显著。而比较新产品销售和科技论文增加的幅度可以看出，科技人才的集聚对科技论文的产出作用大于新产品的销售量的作用。

表 7-7　我国东部地区 SDM+GMM 模型回归结果

变量名	专利授权	新产品销售	科技论文
	系数	系数	系数
因变量滞后项	1.382***	0.362***	1.620***
	(0.258)	(0.045)	(0.114)
核心自变量（AGG）	0.421***	0.027*	0.052***
	(0.097)	(0.008)	(0.005)
创新资本投入（CAPI）	1.766	0.164	-0.017
	(1.880)	(0.242)	(0.100)
科技人才规模（SCAL）	0.276	-0.104	0.371***
	(2.260)	(0.252)	(0.121)
经济发展（PGDP）	-1.214	-0.372	0.758***
	(2.640)	(0.262)	(0.141)
外商直接投资（FDI）	1.263	0.192*	0.168***
	(0.770)	(0.103)	(0.047)
政府政策（GOV）	1.131	0.887***	0.056
	(0.800)	(0.100)	(0.047)
产业结构（DUST）	0.501	0.241**	0.089**
	(0.320)	(0.097)	(0.037)

续表

变量名	专利授权	新产品销售	科技论文
	系数	系数	系数
金融发展（FINS）	0.420***	−0.020	0.025
	(0.190)	(0.061)	(0.019)
N	187	187	187
R²	0.578	0.597	0.652
Log-likelihood	−667.53	−140.61	−146.80
Wald 检验	235.54	871.83	943.10

注：*、**、***分别表示在10%、5%、1%的水平上显著。

表7-8列出了我国中部地区专利授权、新产品销售和科技论文作为因变量模型下科技人才集聚对区域创新产出的回归结果。首先，从回归结果的检验来看，三个模型的 R² 值分别为 0.671、0.555 和 0.802，Wald 检验值为165.62、151.11 和 560.33，回归模型有较好的拟合效果；其次，无论是以专利授权、新产品销售还是科技论文为因变量，科技人才集聚对因变量的系数均为正，系数分别为 3.524、0.688 和 0.160，其中专利授权和新产品销售在10%和1%的水平上显著，而科技论文作为因变量时科技人才集聚对区域创新产出的影响并未通过检验。具体而言，中部地区科技人才集聚每增加一个单位，人均专利授权量增加 3.524 个，新产品销售量增加 0.688%。比较人均专利授权量和新产品销售量的回归结果可知，即使改变因变量的指标，中部地区科技人才集聚对区域创新产出的作用同样显著。而比较新产品销售和科技论文的回归结果可知，科技人才的集聚对新产品销售量的作用大于科技论文的作用。

表7-8 我国中部地区 SDM+GMM 模型回归结果

变量名	专利授权	新产品销售	科技论文
	系数	系数	系数
创新产出滞后项（INNO.L1）	1.295***	0.809***	0.214
	(0.200)	(0.103)	(0.235)

续表

变量名	专利授权	新产品销售	科技论文
	系数	系数	系数
核心自变量（AGG）	3.524*	0.688***	0.160
	(1.320)	(0.247)	(0.134)
创新资本投入（CAPI）	1.074	−0.057	−0.106
	(0.598)	(0.277)	(0.114)
科技人才规模（SCAL）	0.955*	0.281	0.144
	(0.509)	(0.370)	(0.139)
经济发展（PGDP）	0.836**	0.619	0.394**
	(0.420)	(0.463)	(0.163)
外商直接投资（FDI）	−0.262	−0.059	0.041
	(0.340)	(0.141)	(0.085)
政府政策（GOV）	0.126**	0.424*	0.233**
	(0.470)	(0.245)	(0.096)
产业结构（DUST）	−0.018	−3.479***	−1.041*
	(0.120)	(1.334)	(0.542)
金融发展（FINS）	−1.842	−0.004	0.111***
	(2.710)	(0.038)	(0.027)
N	136	136	136
R^2	0.671	0.555	0.802
Log-likelihood	−288.89	−163.89	45.63
Wald 检验	165.62	151.11	560.33

注：*、**、***分别表示在10%、5%、1%的水平上显著。

表7-9列出了我国西部地区专利授权、新产品销售和科技论文作为因变量模型下科技人才集聚对区域创新产出的回归结果。首先，从回归结果的检验来看，三个模型的 R^2 值分别为0.590、0.697和0.583，Wald 检验值为281.25、110.59和160.71，回归模型有较好的拟合效果；其次，在以专利授权为因变量的模型中科技人才集聚的系数为正，系数为0.312，并且在1%的水平上显著，而新产品销售和科技论文作为因变量时科技人才集聚对区域创新产出的影响并未通过检验。具体而言，中部地区科技人才集聚每增加一个

单位，人均专利授权量增加 0.312 个，科技论文增加 0.947%。比较人均专利授权量和科技论文的增速可知，改变因变量的指标，西部地区科技人才集聚对区域创新产出的作用不再显著。

表 7-9　我国西部地区 SDM+GMM 模型回归结果

变量名	专利授权	新产品销售	科技论文
	系数	系数	系数
创新产出滞后项（INNO.L1）	0.978***	1.034***	0.514***
	(0.310)	(0.212)	(0.057)
核心自变量（AGG）	0.312***	-0.734	0.947
	(0.156)	(1.253)	(0.817)
创新资本投入（CAPI）	0.075	-0.214	0.340**
	(0.470)	(0.283)	(0.162)
科技人才规模（SCAL）	-0.226	0.098	0.376***
	(0.525)	(0.557)	(0.179)
经济发展（PGDP）	-0.526	0.409	0.411**
	(0.580)	(0.830)	(0.196)
外商直接投资（FDI）	0.001	0.341**	-0.074
	(0.050)	(0.117)	(0.069)
政府政策（GOV）	0.842***	0.076	-0.669
	(0.160)	(0.068)	(0.049)
产业结构（DUST）	-0.051	0.260	-0.002
	(0.080)	(0.033)	(0.036)
金融发展（FINS）	0.05	0.015	-0.013
	(0.080)	(0.025)	(0.025)
N	187	187	187
R^2	0.590	0.697	0.583
Log-likelihood	-324.07	-299.66	-58.92
Wald 检验	281.25	110.59	160.71

注：**、***分别表示在 5%、1%的水平上显著。

最后综合表 7-7 至表 7-9 的回归结果，以专利授权量和新产品销售的回归分析为例可以看出，尽管我国东、中、西科技人才集聚程度从东到西依次递减，但集聚程度对区域创新产出的影响却是中部影响最大，分别为 2.524和 0.688，并且在 10% 和 1% 的水平上显著；东部次之，影响系数分别为1.814 和 0.027，并且在 1% 和 10% 的水平上显著；西部系数最小，影响系数分别为 0.312 和 -0.713，其中专利授权量的系数在 1% 的水平上显著，而新产品销售在显著性水平上没有通过检验。从影响系数大小来说，说明中部和东部地区创新环境相对接近，但东部地区的科技人才集聚处在相对较高的水平，因此根据前文理论，随着科技人才集聚的升高，科技人才集聚对区域创新产出的影响作用开始变小。由此导致科技人才集聚的东部系数小于中部。另外，从东、中、西三者情况来看，西部的影响系数仅为 0.312，同时科技人才集聚度也是最小的，与理论分析的科技人才集聚度越小对区域创新产出的影响越大不相符，但在本章的分析中，科技人才集聚对区域创新产出的影响还会受到创新环境的影响，而西部地区无论是社会环境还是经济环境都不如中东部地区，因此科技人才集聚对区域创新产出的影响也小于中东部地区。

第三节　不同部门科技人才集聚对区域创新产出的实证研究

根据协同创新的区域创新理论，我国区域创新主体主要有工业企业部门、研究与开发机构部门和高等学校部门。三者之间分别在区域创新从投入到产出的过程中发挥着各自不同的作用。通过科技人才的交流能够冲破主体壁垒激活创新要素，但本部门的集聚也同样能够激发创新活力。因此，将工业企业、研究与开发机构和高等学校的科技人才集聚单独进行分析，本节的实证思路为，首先对我国不同部门间科技人才集聚的空间杜宾模型进行检验，其次利用 SDM+GMM 模型对不同部门间科技人才集聚对区域创新产出的影响进行分析。

由表 7-10 可以看出，在工业企业、研究与开发机构和高等学校中，以专利授权为因变量可知，空间滞后和空间误差的检验结果分别为工业企业

22.189、20.456，研究与开发机构51.568、48.236，高等学校24.031、22.142，并且均在1%的水平上显著。LR滞后检验和LR误差检验的结果分别为工业企业21.241、21.114，研究与开发机构48.451、46.367，高等学校23.433、21.815，同样均在1%的水平上显著。以新产品销售量为因变量可知，空间滞后和空间误差的检验结果分别为工业企业25.445、23.444，研究与开发机构54.601、51.073，高等学校23.494、21.659，并且均在1%的水平上显著。LR滞后检验和LR误差检验的结果分别为工业企业24.811、23.098，研究与开发机构51.301、49.094，高等学校22.490、22.356，同样均在1%的水平上显著。以科技论文为因变量可知，空间滞后和空间误差的检验结果分别为工业企业28.191、25.989，研究与开发机构65.517、61.283，高等学校30.531、28.131，并且均在1%的水平上显著。LR滞后检验和LR误差检验的结果分别为工业企业26.987、26.825，研究与开发机构61.557、58.909，高等学校29.771、27.716，同样均在1%的水平上显著。因此，无法拒绝使用空间杜宾模型，同时为了科技人才集聚与区域创新的内生性问题，采用SDM+GMM模型。

表7-10 我国不同部门空间杜宾模型检验结果

		工业企业	研究与开发机构	高等学校
专利授权	Wald-lag 检验	22.189***	51.568***	24.031***
	Wald-error 检验	20.456***	48.236***	22.142***
	LR-lag 检验	21.241***	48.451***	23.433***
	LR-error 检验	21.114***	46.367***	21.815***
新产品销售	Wald-lag 检验	25.445***	54.601***	23.494***
	Wald-error 检验	23.444***	51.073***	21.659***
	LR-lag 检验	24.811***	51.301***	22.490***
	LR-error 检验	23.098***	49.094***	22.356***
科技论文	Wald-lag 检验	28.191***	65.517***	30.531***
	Wald-error 检验	25.989***	61.283***	28.131***
	LR-lag 检验	26.987***	61.557***	29.771***
	LR-error 检验	26.825***	58.909***	27.716***

注：***表示在1%的水平上显著。

因变量分别采用专利授权、新产品销售和科技论文三个指标，利用 SDM+GMM 模型得到我国工业企业、研究与开发机构部门和高等学校三大区域的回归结果如表 7-11 至表 7-13 所示。

表 7-11 列出了我国工业企业部门中以专利授权、新产品销售和科技论文作为因变量模型下科技人才集聚对区域创新产出的回归结果。首先，从回归结果的检验来看，三个模型的 R^2 值分别为 0.661、0.566 和 0.652，Wald 检验值为 564.08、676.52 和 1079.37，回归模型有较好的拟合效果；其次，在以专利授权、新产品销售量和科技论文为因变量的模型中科技人才集聚的系数均为正，系数分别为 0.812、0.023 和 0.016，并且均在 1% 的水平上显著。具体而言，在工业企业中科技人才集聚每增加一个单位，人均专利授权量增加 0.812 个，新产品销售量增加 0.023%，科技论文增加 0.016%。比较人均专利授权量和科技论文的增速可知，即使改变因变量的指标，在工业企业中科技人才集聚对区域创新产出的作用同样显著。而比较新产品销售和科技论文增加的幅度可以看出，科技人才的集聚对新产品销售量的作用大于科技论文的作用。

表 7-11 我国工业企业 SDM+GMM 模型回归结果

变量名	专利授权	新产品销售	科技论文
	系数	系数	系数
创新产出滞后项（INNO. L1）	0.530***	0.628***	0.119***
	(0.858)	(0.159)	(0.061)
核心自变量（AGG）	0.812***	0.023***	0.016***
	(0.095)	(0.003)	(0.006)
创新资本投入（CAPI）	2.463***	0.096	-0.013
	(0.732)	(0.138)	(0.110)
科技人才规模（SCAL）	2.914***	0.217	0.117
	(0.733)	(0.178)	(0.102)
经济发展（PGDP）	3.364***	0.338	0.247
	(0.734)	(0.218)	(0.094)

续表

变量名	专利授权	新产品销售	科技论文
	系数	系数	系数
外商直接投资（FDI）	0.969 ***	0.178 ***	0.147 ***
	(0.332)	(0.067)	(0.033)
政府政策（GOV）	0.511	0.239 ***	0.150 ***
	(0.353)	(0.052)	(0.029)
产业结构（DUST）	−0.138	0.306 ***	0.037
	(0.448)	(0.034)	(0.023)
金融发展（FINS）	0.512 **	0.027	0.059 ***
	(0.227)	(0.021)	(0.015)
N	510	510	510
R^2	0.661	0.566	0.652
Log-likelihood	−527.34	−483.675	130.39
Wald 检验	564.08	676.52	1079.37

注：** 、*** 分别表示在5%、1%的水平上显著。

表7-12列出了我国研究与开发机构部门以专利授权、新产品销售和科技论文作为因变量模型下科技人才集聚对区域创新产出的回归结果。首先，由回归结果的检验来看，三个模型的 R^2 值分别为0.735、0.408和0.652，Wald 检验值为165.28、179.27和188.67，回归模型有较好的拟合效果；其次，在以专利授权和科技论文为因变量的模型中科技人才集聚系数均为正，系数分别为2.472和0.103，并且均在1%和5%的水平上显著，而新产品销售作为因变量时科技人才集聚对区域创新产出的影响并未通过检验。具体而言，我国研究与开发机构的科技人才集聚每增加一个单位，人均专利授权量增加2.472个，科技论文增加0.103%。比较人均专利授权量和科技论文的增速可知，即使改变因变量的指标，我国研究与开发机构的科技人才集聚对区域创新产出的作用同样显著。而比较新产品销售和科技论文增加的幅度可以看出，科技人才的集聚对科技论文的作用大于新产品销售的作用。

· 158 ·

表 7-12　我国研究与开发机构 SDM+GMM 模型回归结果

变量名	专利授权	新产品销售	科技论文
	系数	系数	系数
创新产出滞后项（INNO. L1）	0.607***	0.901***	0.069***
	(0.954)	(0.193)	(0.030)
核心自变量（AGG）	2.472***	0.017	0.103**
	(0.275)	(1.320)	(0.040)
创新资本投入（CAPI）	−9.355	−0.465	−0.287**
	(8.654)	(0.313)	(0.142)
科技人才规模（SCAL）	1.541	0.576	−0.215
	(4.890)	(0.484)	(0.164)
经济发展（PGDP）	6.274***	1.616**	−0.142
	(1.126)	(0.655)	(0.185)
外商直接投资（FDI）	2.238***	−0.059	0.281
	(0.559)	(0.096)	(0.071)
政府政策（GOV）	0.387	0.098*	0.125***
	(0.477)	(0.056)	(0.044)
产业结构（DUST）	−0.403	0.303	0.031
	(0.538)	(0.027)	(0.032)
金融发展（FINS）	1.433***	0.019	0.098***
	(0.357)	(0.025)	(0.028)
N	240	240	240
R^2	0.735	0.408	0.652
Log-likelihood	−764.91	−137.57	14.061
Wald 检验	165.28	179.27	188.67

注：*、**、***分别表示在 10%、5%、1%的水平上显著。

表 7-13 列出了我国高等学校中专利授权、新产品销售和科技论文作为因变量模型下科技人才集聚对区域创新产出的回归结果。首先，从回归结果的检验来看，三个模型的 R^2 值分别为 0.687、0.437 和 0.402，Wald 检验值为 539.16、174.91 和 173.47，回归模型有较好的拟合效果；其次，在以专利授权和科技论文为因变量的模型中科技人才集聚的系数均为正，系数分别为

1.810 和 0.145，并且均在 1% 的水平上显著，而新产品销售作为因变量时科技人才集聚对区域创新产出的影响并未通过检验。具体而言，我国高等学校中科技人才集聚每增加一个单位，人均专利授权量增加 1.810 个，科技论文增加 0.145%。比较人均专利授权量和科技论文的增速可知，即使改变因变量的指标，我国高等学校科技人才集聚对区域创新产出的作用同样显著。而比较新产品销售和科技论文增加的幅度可以看出，科技人才的集聚对科技论文的作用大于新产品销售的作用。

表 7-13　我国高等学校 SDM+GMM 模型回归结果

变量名	专利授权	新产品销售	科技论文
	系数	系数	系数
创新产出滞后项（INNO. L1）	1.565***	0.888***	0.067**
	(0.091)	(0.193)	(0.028)
核心自变量（AGG）	1.810***	0.003	0.145***
	(0.654)	(0.025)	(0.049)
创新资本投入（CAPI）	7.322***	−0.467	−0.261*
	(1.631)	(0.315)	(0.140)
科技人才规模（SCAL）	3.252***	0.453	0.232
	(1.434)	(0.541)	(0.168)
经济发展（PGDP）	5.182***	1.372**	−0.203
	(1.237)	(0.766)	(0.196)
外商直接投资（FDI）	2.362***	−0.087	0.285***
	(0.600)	(0.097)	(0.071)
政府政策（GOV）	0.617	0.085	0.111**
	(0.516)	(0.057)	(0.044)
产业结构（DUST）	−0.127	0.301***	0.026
	(0.582)	(0.028)	(0.031)
金融发展（FINS）	1.180***	0.016	0.088***
	(0.376)	(0.025)	(0.028)
N	240	240	240
R^2	0.687	0.437	0.402

续表

变量名	专利授权	新产品销售	科技论文
	系数	系数	系数
Log-likelihood	-769.96	-116.76	19.77
wald 检验	539.16	174.91	173.47

注：*、**、***分别表示在10%、5%、1%的水平上显著。

最后，综合表7-11至表7-13我国三大部门间科技人才集聚对区域创新产出的实证结果比较，以专利授权和新产品销售量为因变量模型可以看出，工业企业、研究与开发机构和高等学校三大部门的集聚对区域创新产出同样存在正向的显著作用，其中工业企业科技人才集聚对区域创新产出的影响系数为0.812，研究与开发机构科技人才集聚对区域创新产出的影响系数为2.472，高等学校科技人才集聚对区域创新产出的影响系数为1.810。从系数大小来看，研究与开发机构对区域创新的影响最大，高等学校对区域创新产出的影响次之，而工业企业对区域创新产出的影响最小。通过对比可以发现，研究与开发机构的影响系数最大是因为科技人才集聚比工业企业的集聚程度要小，与前文分析的高集聚会减小对区域创新产出的影响相一致，而高等学校的影响居中则是由于高校的科技创新产出主要是知识和理论创新，属于阶段性创新，从而减小了对最终创新产出的影响。这一点通过以科技论文为因变量进行的分析也得到了印证。

本章小结

本章从区域创新环境、东中西三大地区和科技人才所在的三大部门分析科技人才集聚对区域创新产出影响的异质性。首先，从创新环境来看，除创新资本投入和政府政策因素，经济环境、外商投资、产业结构和金融发展均在高区制下才会对科技人才集聚和区域创新产出产生影响。其次，从东、中、西三大地区来看，中部科技人才集聚对区域创新产出的影响最大，东部次之，西部最小，可能的解释为东部和中部的创新环境较为相似但是中部的科技人才集聚程度低于东部的科技人才集聚，因此对区域创新产出的影响大于中部地区，而西部地区虽然科技人才集聚度最小，但中部和东部的创新环境优于西部，所以导致科技人才对区域创新产出的影响小于中、东部。最后，从三大部门来看，研究与开发机构科技人才集聚对区域创新的影响最大，高等学校对区域创新产出的影响次之，而工业企业对区域创新产出的影响最小。

第八章 结论与研究展望

第一节 研究结论

本书通过在理论上和实证上分析科技人才集聚对区域创新产出的影响，主要得出以下四个结论：

第一，科技人才集聚对区域创新产出会产生影响，并且该影响具有倒"U"形的特征。通过理论机制分析和数理推导发现，科技人才在低集聚阶段会对区域创新产生较大的影响，但随着科技人才集聚的增加这种对区域创新产出的影响作用逐渐减小，在到达集聚的临界点时，科技人才集聚对区域创新产出的边际影响为零。在越过临界点后，科技人才对区域创新产出的边际效应开始由正转变为负，并且随着集聚的不断增加，科技人才集聚对区域创新产出的边际影响的负向作用逐渐增加。

在本书的实证中，首先在过滤掉空间效应的门槛模型发现科技人才集聚对区域创新产出确实存在不同的影响，尽管通过回归发现目前无论在科技人才的低集聚阶段还是高集聚阶段，科技人才集聚对区域创新产出的影响均为正向作用。但是科技人才在低集聚阶段对区域创新产出的影响大于科技人才在高集聚阶段对区域创新产出的影响，说明与理论分析中随着科技人才集聚增加会减小对区域创新产出的影响，不过目前该集聚没有达到影响为零的临界点。

第二，科技人才集聚对区域创新产出的影响主要是通过知识溢出效应、时间效应、信息共享效应和规模效应对区域创新产出产生影响。但实证发现，在低集聚阶段科技人才集聚对区域创新产出的效应主要有知识溢出效应、时间效应和信息共享效应，一是说明知识溢出效应、时间效应和信息共享效应都起到部分中介作用；二是说明在科技人才的低集聚阶段规模效应并没有发挥中介效应。科技人才的高集聚阶段对区域创新产出的影响主要是通过知识溢出效应和规模效应，说明在科技人才的高集聚阶段知识溢出效应和规模效应起到中介效应的作用，而时间效应和信息共享效应不再是对区域创新产出的中介效应。

第三，科技人才集聚除受本身的集聚影响因素外，创新资本投入、经济发展、政府政策、外商投资、产业结构和金融发展等科技创新环境同样会影响两者的关系，在经济发展、外商投资和金融发展投入较低的情况下，科技人才集聚对区域创新产出并不会产生显著影响，只有当经济发展、外商投资和金融发展越过一定的门槛值之后科技人才集聚才会发挥作用。而创新资本投入、政府政策无论是在低阶段还是在高阶段都会对区域创新产生正向影响，而产业结构的影响因素在第一产业占据较大份额时科技人才集聚对区域创新产出会产生负向影响，当第二、第三产业的比重达到 0.38 时，科技人才集聚开始对区域创新产出产生正向显著影响。

第四，科技人才集聚对区域创新产出的影响还存在地区和部门之间的异质性。将我国分成东、中、西三大区域分别进行回归后发现，我国中部地区的科技人才集聚对区域创新产出的作用最大，东部影响次之，西部科技人才集聚对区域创新产出的影响最小。在目前部门的科技人才集聚对区域创新产出影响的异质性方面，研究和开发机构的科技人才集聚对区域创新产出的影响最大，工业企业科技人才集聚对区域创新产出的影响次之，高等学校科技人才集聚对区域创新产出的影响最小。

第二节 政策启示

一、通过科技人才集聚的合理配置，推动区域创新产出增长

从我国各地区角度来说，科技人才集聚在东部集聚程度较高，在中部和西部地区集聚程度较低，中部和西部处在科技人才集聚的较低阶段，因此中部和西部地区能够继续通过人才引进政策促进科技人才集聚，进而使科技人才在规模和集聚两个角度对区域创新产出产生正向影响。而在集聚度较高的东部地区，由于科技人才集聚度高于中国其他地区的，因此应谨慎实施增加科技人才集聚的政策，一味地集聚科技人才会造成两个后果：一是对科技人才集聚少的地方来说，会造成人才短缺，影响地区之间的协调发展；二是由于科技人才集聚对区域创新产出会产生倒"U"形影响，人才集聚过高会造成人才资源的浪费。

就目前来看，我国的科技人才集聚对区域创新产出的边际影响虽然为正，但在东部地区的边际作用已经开始下降，如果集聚度继续扩大，对区域创新产出的作用可能会出现边际作用为负的情况。因此，各地政府应重视科技人才发挥作用的规律，在科技人才集聚较高的地区以规划科技人才集聚的合理布局为首要任务：首先各级政府应该重视科技人才集聚的作用，而不是以简单地增加科技人才数量为主要目标；其次充分展开对科技人才集聚对区域创新产出影响拐点的研究，例如通过调研分析目前的科技人才集聚的程度和科技人才之间交流状况，进而分析目前的科技人才集聚是否处在最佳状况或者是否还有继续集聚的空间；最后在宏观层面从经济发展、政府政策、外商投资、产业结构和金融发展等方面改善区域创新的环境，从而达到集聚度不变的情况下，其他环境改变也促进科技人才集聚对区域创新产出增长的目的。

二、充分发挥科技人才集聚对区域创新产出的中间效应，提高区域创新产出的能力

科技人才集聚通过中介效应对区域创新产出产生影响，而知识溢出、时间效应、信息共享和规模效应等都是通过互动和交流产生，在政府层面应主动引导区域内各创新主体中的各个层次和领域的人才进行积极沟通，深化在区域创新主体层面和人才个体层面对人才集聚效应的认识，形成浓厚的区域创新文化氛围，推动各创新主体间人才等各项资源充分交流与共享，开展跨行业、跨部门、跨学科的有机融合与友好合作。此外，政府应该促进人才在部门之间的合理流动，以科技人才聚集的创新环境、金融机构为中介，企业、高校和科研院所提供共同参与的人才互动和交流平台，为区域创新产出中各节点信息共享、成果转化等行为互动创造有利条件。充分发挥政府在区域创新网络关系中的辅助作用，实现人才集聚效应最大化，推动区域创新产出的提高。

三、掌握不同部门科技人才集聚的作用，明确未来的集聚作用方向

我国科技人才主要集中在工业企业部门、研究与开发机构和高等学校三大部门，从三大部门的科技人才集聚对区域创新产出的作用来说，研究与开发机构的边际作用最大，工业企业的作用次之，高等学校集聚的边际作用最小。从三大部门的异质性集聚对区域创新产出的作用可以看出，研究与开发机构处在集聚度处在集聚较低的阶段，还有很大的集聚提升空间。中、西部地区在人才引进处于劣势的情况下，可以通过在既有人才规模不变的情况下，以进一步集聚研究与开发机构为抓手提升区域创新产出的规模。而高等学校的科技人才集聚对区域创新产出的边际作用最小，这很可能是由于高校的创新产出以阶段性产出为主（如科技论文），因此在进一步的区域集聚中高等学校的科技人才集聚可以放在靠后的位置，优先布局工业企业和研究与开发机构。

四、加强人才梯队建设，保障区域创新的人才资源储备

在经济全球化的时代，国与国的竞争归根结底是人才的竞争，人才是当今社会的核心竞争力。若想科技人才集聚对区域创新产出产生持续不断的积极影响，应该对人才有持续不断的培养和投入，这不是短时间内可以完成的工作。在一定的时间和区域范围内，人才的流动和集聚并非一直有序和有效，甚至可能是无序和盲目的。即便是因为特定原因而聚集的人才，一旦任务完成之后，也可能会产生无序的人才集聚行为。无序的人才集聚很可能会产生两种效果：一是对当下产生消极影响，人才集聚中产生较大的摩擦和冲突，使人才集聚效应难以发挥；二是无序人才集聚会导致人才队伍的断层，对今后的区域创新系统产生冲击，无法发挥人才集聚作用。因此，政府在着眼于当下的同时也要为未来的人才集聚做好充分的人才培养准备，形成合理有序的人才梯队建设，努力减少科技人才集聚的负向效应。

参考文献

[1] Aiello F. , Cardamone P. R&D Spillovers and Firms' Performance in Italy [J] . Empirical Economics, 2008, 34 (1): 143-166.

[2] Alello F. Cardamone P. R&D Spillovers and Firms' Performance in Italy: Evidence from A Flexible Production Function [C]. Spatial Econometrics, Heidelberg: Physica-verlag, 2009: 143-166.

[3] Anselin L. Spatial Econometrics: Methods and Models [M] . Kluwer Academic Publishers, Dordrecht, the Netherlands, 1988.

[4] Antonelli C. , Routledge. The Economics of Innovation, New Technologies and Structural Change [J] . Research Policy, 2004, 33 (5): 841-842.

[5] Arora S. Health, Human Productivity, and Long - Term Economic Growth [J] . Journal of Economic History, 2001, 61 (4): 1102.

[6] Arranz N. , Arroyabe C. F. Can Innovation Network Projects Result Inefficient Performance [J] . Technological Forecasting and Social Change, 2012, 79 (3): 485-497.

[7] Asheim B. T. , Gertler M. S. The Geography of Innovation: Regional Innovation Systems [R] . The Oxford handbook of Innovation, 2005, 291 - 317. Oxford: Oxford University Press.

[8] Baron R. M. , Kenny D. A. The Moderator-mediator Variable Distinction in Social Psychological Research: Conceptual, Strategic, and Stastical Consideration [J] . Journal of Personality & Social Psychology, 1986 (51): 1173-1182.

［9］ Becker G. S. Human Capital: A Theoretical and Empirical Analysis, with Special Reference to Education ［M］. New York: National Bureau of Economic Research, 1964.

［10］ Berliant M., Reed R. R., Wang P. Knowledge Exchange, Matching, and Agglomeration ［J］. Journal of Urban Economics, 2006, 60 (1): 69-95.

［11］ Bernard C. A., Fadairo M., Massard M. Knowledge Diffusion and Innovation Policies within the European Regions: Challenges Based on Recent Empirical Evidence ［J］. Research Policy, 2013, 42 (1): 196-210.

［12］ Berry, Christopher R., Glaeser, Edward L., The Divergence of Human Capital Levels Across Cities ［J］. Papers in Regional Science, 2005, 84 (3): 407-444.

［13］ Cassiolato J. E., Lastres H. M. M. Sistemas De Inovac, ão e Desenvolvimento: As Implicac, ões de Política ［J］. São Paulo em Perspectiva, 2005, 19 (1): 34-45.

［14］ Chesbrough H. W. Open Innovation: The New Imperative for Creating and Profiting from Technology ［M］. Boston: Harvard Business School Press, 2003.

［15］ Cooke P., Uranga, M. G., Etxebarria, G. Regional Innovation Systems: Institutional and Organizational Dimensions ［J］. Research Policy, 1997, 26 (4-5): 475-491.

［16］ Elhorst J. P. Specification and Estimation of Spatial Panel Data Models ［J］. International Regional Science Review, 2003, 26 (3): 244-268.

［17］ Feldman M. P. The Geography of Innovation ［M］. Springer Netherlands, 1994.

［18］ Gabriel S. A., Shackmarquez J., Wascher W. L. Does Migration Arbitrage Regional Labor Market Differentials? ［J］. Regional Science & Urban Economics, 1993, 23 (2): 211.

［19］ Getis A., Griffith D. A. Comparative Spatial Filtering in Regression Analysis ［J］. Geographical Analysis, 2002, 34 (2): 130-140.

［20］ Giannetti M. On The Mechanics of Migration Decisions: Skill Complementarities and Endogenous Price Differentials [J] . Journal of Development Economics, 2003, 71 (2): 0-349.

[21] González A. , Tersvirta T. , Dijk D. V. Panel Smooth Transition Regression Models [R] . Research Paper, 2005.

[22] Griliches, Zvi. Issues in Assessing the Contri-bution of R&D to Productivity Growth [J] . Bell Journal of Economics, 1979 (10): 92-116.

[23] Grimaldi M. , Quinto I. , Rippa P. Enabling Open Innovation in Small and Medium Enterprises: A Dynamic Capabilities Approach [J] . Knowledge and Process Management, 2013, 20 (4): 199-210.

[24] Hansen B. E. Threshold Effects in Non-dynamic Panels: Estimation, Testing and Inference [J] . Boston College Working Papers in Economics, 1997, 93 (2): 345-368.

[25] Hatipoglu O. The Relationship Between Inequality and Innovative Activity: A Schumpeterian Theory and Evidence from Cross-country Data [J] . Scottish Journal of Political Economy, 2012, 59 (2): 224-248.

[26] Jaffe A. B. Real Effects of Academic Research [J] . American Economic Review, 1989, 79 (5): 957-970.

[27] Josef Zweimüller, Brunner J. K. Innovation and Growth With Rich and Poor Consumers [J] . Metroeconomica, 2005, 56 (2): 233-262.

[28] Jacobs J. The Economy of Cities [M] . Random House, New York, 1969.

[29] Lambooy J G. The Transmission of Knowledge, Emerging Net-works, and the Role of Universities: An Evolutionary Approach [J] . European Planning Studies, 2004, 12 (5): 643-657.

[30] Lau A. K. W. , LO W. Regional Innovation System, Absorptive Capacityand Innovation Performance: An Empirical study [J] . Technological Forecasting & Social Change, 2015, 92 (March): 99-114.

[31] Lesage J. P. , Pace R. K. Introduction to Spatial Econometrics [M]. CRC Press, New York, 2009.

［32］Marshall, Principles of Economics ［M］. Macmillan & Co., London, 1895.

［33］Mierlo B. C. V., Leeuwis C., Smits R., et al. Learning Towards System Innovation: Evaluating A Systemic Instrument ［C］. Utrecht University, Department of Innovation Studies, 2010.

［34］Pred. The Spatial Dynamics of US Urban-Industrial Growth, 1800-1914 ［M］. MIT Press, Cambridge, 1966.

［35］Rodrigues R. F., Casarotto Filho, N., La Rovere R. L. Redes Deempresas E Cooperac, ão Na formac, ão Do Condomínio Tech Town ［J］. Revista Gestão & Produ, cão, 2013, 20（3）: 713-725.

［36］Schultz T. W. Investment in Human Capital ［J］. American Economic Review, 1961, 51（1）: 1-17.

［37］Sjaastad L. The Costs and Returns of Human Migration ［J］. Journal of Political Economy, 1962, 70（5）: 80-93.

［38］Kuznets S. Population Change and Aggregate Output, in: Demographic and Economic Change in Developed Countries, Princeton Univ ［J］. Press, Princeton, 1962, 32（2）: 324-340.

［39］Zweimüller J., Brunner J. K. Innovation and Growth With Rich and Poor Consumers ［J］. Metroeconomica, 2005, 56（2）: 233-262.

［40］白俊红, 蒋伏心. 协同创新、空间关联与区域创新绩效 ［J］. 经济研究, 2015, 50（7）: 174-187.

［41］曹广喜. FDI 对中国区域创新能力溢出效应的实证研究——基于动态面板数据模型 ［J］. 经济地理, 2009, 29（6）: 894-899.

［42］曹薇, 邱荣燕. 科技型人才聚集与协同创新产出的非线性关系——基于 1995—2014 年高技术产业省际面板数据 ［J］. 科技管理研究, 2017, 37（4）: 140-143+148.

［43］曹雄飞, 霍萍, 余玲玲. 高科技人才集聚与高技术产业集聚互动关系研究 ［J］. 科学学研究, 2017, 35（11）: 1631-1638.

［44］曾月征, 袁乐平. 基于管理熵的区域创新能力评价指标体系研究

[J]．统计与决策，2016（23）：44-47．

[45] 陈劲，陈钰芬，余芳珍．FDI 对促进我国区域创新能力的影响 [J]．科研管理，2007（1）：7-13．

[46] 陈书洁，张汝立．政府社会服务观与社会公共服务改革——英美政府购买社会公共服务的比较研究 [J]．探索，2011（4）：147-151．

[47] 陈淑云，杨建坤．人口集聚能促进区域技术创新吗——对 2005—2014 年省级面板数据的实证研究 [J]．科技进步与对策，2017，34 (5)：45-51．

[48] 党玮，王海瑞，李国俊．华东地区区域自主创新能力的评价研究——基于灰色聚类分析和全局主成分分析 [J]．工业技术经济，2015，34 (8)：99-107．

[49] 丁焕峰，陈庆秋．区域社会资本：一种重要的区域创新动力 [J]．经济问题探索，2006（9）：24-29．

[50] 方大春，马为彪．我国区域创新空间关联的网络特征及其影响因素 [J]．西部论坛，2018，28（2）：50-61．

[51] 冯之浚．国家创新系统的理论与政策 [J]．群言，1999（2）：22-29．

[52] 傅为忠，李宁馨．基于 ANP 和 GRAP 组合的区域创新能力评价指标权重的最小偏差计算方法研究 [J]．软科学，2015，29（11）：130-134．

[53] 高星，向海凌，吴非．金融发展、空间关联与区域创新异质性——基于空间杜宾模型（SDM）的经验证据 [J]．宏观质量研究，2018，6（4）：59-74．

[54] 桂昭明．区域人才集聚度何处最高 [J]．中国人才，2014 (11)：24-25．

[55] 郭小婷．研发集群及知识溢出的区域创新效应研究 [D]．上海社会科学院博士学位论文，2017．

[56] 韩春花，佟泽华．基于 Fussy-GRNN 网络的区域创新能力评价模型研究 [J]．科技管理研究，2016，36（14）：55-60．

[57] 侯润秀，官建成．外商直接投资对我国区域创新能力的影响

［J］．中国软科学，2006（5）：104-111.

［58］黄栋，邹珊刚．社会资本与区域创新系统［J］．经济体制改革，2002（5）：105-107.

［59］黄鲁成．关于区域创新系统研究内容的探讨［J］．科研管理，2000（2）：43-48.

［60］霍丽霞，王阳，魏巍．中国科技人才集聚研究［J］．首都经济贸易大学学报，2019，21（5）：13-21.

［61］贾延红，张忠德．区域社会资本在区域创新系统中的动力作用［J］．西安工程大学学报，2008（2）：232-236.

［62］姜怀宇，徐效坡，李铁立．1990年代以来中国人才分布的空间变动分析［J］．经济地理，2005（5）：702-706.

［63］赖永剑，贺祥民．金融发展与区域创新绩效的非线性关系——基于面板平滑转换回归模型［J］．华中科技大学学报（社会科学版），2015，29（2）：92-99.

［64］李刚，牛芳．人才聚集与产业聚集［J］．中国人才，2005（9）：27-28.

［65］李健，付军明，卫平．FDI溢出、人力资本门槛与区域创新能力——基于中国省际面板数据的实证研究［J］．贵州财经大学学报，2016（1）：10-18.

［66］李明英，张席瑞．中部六省人才柔性流动下的聚集效应研究［J］．中国行政管理，2007（4）：43-45.

［67］李平，崔喜君，刘建．中国自主创新中研发资本投入产出绩效分析——兼论人力资本和知识产权保护的影响［J］．中国社会科学，2007（2）：32-42+204-205.

［68］李晓娣，赵毓婷．区域创新系统中地方政府行为分析［J］．工业技术经济，2007（8）：16-19.

［69］李晓龙，冉光和，郑威．金融发展、空间关联与区域创新产出［J］．研究与发展管理，2017，29（1）：55-64.

［70］李燕萍，梁燕．人才之争拼什么？——人才城市居留意愿与行为影

响因素及作用机制视角［J］.科技进步与对策，2018，35（12）：117-124.

［71］李阳.基于网络 DEA 的地区工业企业技术创新效率研究［J］.统计与决策，2015（23）：85-89.

［72］李颖，曹卫东.安徽省区域创新能力评价及空间分异研究［J］.石家庄学院学报，2016，18（6）：104-105+111-112.

［73］李政，杨思莹，路京京.政府参与能否提升区域创新效率？［J］.经济评论，2018（6）：3-14+27.

［74］凌美秀，彭一中，李雯.信息资源共享网络中的共享效应分析［J］.图书馆，2013（4）：38-41.

［75］刘晖，胡森林.中国人才的空间集聚格局及时空演化［J］.经济经纬，2019，36（5）：1-8.

［76］刘晖，李欣先，李慧玲.专业技术人才空间集聚与京津冀协同发展［J］.人口与发展，2018，24（6）：109-124+108.

［77］刘江日.产业集聚演化对区域创新系统的影响研究［D］.武汉大学博士学位论文，2014.

［78］刘思峰，王锐兰.科技人才集聚的机制、效应与对策［J］.南京航空航天大学学报（社会科学版），2008（1）：47-51.

［79］刘伟.社会资本与区域创新：理论发展、因果机制与政策意蕴［J］.中国行政管理，2018（2）：65-70.

［80］刘晔，曾经元，王若宇，詹佩瑜，潘卓林.科研人才集聚对中国区域创新产出的影响［J］.经济地理，2019，39（7）：139-147.

［81］柳卸林.区域创新体系成立的条件和建设的关键因素［J］.中国科技论坛，2003（1）：18-22.

［82］楼永，王梦蕾.基于两阶段动态模型的社会资本对区域创新影响研究［J］.科技与经济，2017，30（1）：21-25.

［83］鲁钊阳，廖杉杉.FDI 技术溢出与区域创新能力差异的双门槛效应［J］.数量经济技术经济研究，2012，29（5）：75-88.

［84］罗军.FDI 影响区域创新能力的人力资本门槛效应研究［J］.国际商务（对外经济贸易大学学报），2016（6）：108-116+156.

［85］罗军，陈建国．研发投入门槛、外商直接投资与中国创新能力——基于门槛效应的检验［J］．国际贸易问题，2014（8）：135-146．

［86］吕可文，李晓飞，赵黎晨．中部六省区域创新能力的评价与分析［J］．区域经济评论，2017（2）：99-106．

［87］牛冲槐，曹海曼．中部六省高技术产业研发创新的相对效率分析——基于超效率 DEA 方法［J］．工业技术经济，2015，34（2）：111-116．

［88］牛冲槐，杜弼云，牛彤．科技型人才聚集对智力资本积累与技术创新影响的实证分析［J］．科技进步与对策，2015，32（10）：145-150．

［89］牛冲槐，接民，张敏，段治平，李刚．人才聚集效应及其评判［J］．中国软科学，2006（4）：118-123．

［90］牛冲槐，田莉，郭丽芳．科技型人才聚集对区域经济增长收敛的影响分析［J］．技术经济与管理研究，2010（2）：63-66．

［91］裴玲玲．科技人才集聚与高技术产业发展的互动关系［J］．科学学研究，2018，36（5）：813-824．

［92］冉光和，徐鲲，鲁钊阳．金融发展、FDI 对区域创新能力的影响［J］．科研管理，2013，34（7）：45-52．

［93］饶扬德．区域创新能力研究：社会资本视角［J］．生产力研究，2007（24）：82-83+116+161．

［94］芮雪琴，李环耐，牛冲槐，任耀．科技人才聚集与区域创新能力互动关系实证研究——基于 2001—2010 年省际面板数据［J］．科技进步与对策，2014，31（6）：23-28．

［95］桑瑞聪，岳中刚．外商直接投资与区域创新能力——基于省际面板数据的实证研究［J］．国际经贸探索，2011，27（10）：40-45．

［96］沈飞．区域创新投入与产出绩效结构性关联研究——基于长三角区域的实证分析［J］．经济与管理，2012，26（5）：92-96．

［97］沈庆义，李东．增长理论对区域发展的适用性分析［J］．统计与决策，2006，22（4）：49-52．

［98］盛亚，于卓灵．浙江省科技人才集聚的政策效应［J］．技术经

济，2015，34（6）：43-47+84.

［99］施建刚，唐代中．基于社会资本理论的区域创新网络研究［J］．科学管理研究，2007（5）：10-13.

［100］宋建元，王德禄．区域创新系统中的政府职能分析［J］．科学学与科学技术管理，2001（11）：48-50.

［101］孙德梅，胡媚琦，王正沛，杨早立．政府行为、金融发展与区域创新绩效——基于省际面板数据的实证研究［J］．科技进步与对策，2014，31（20）：34-41.

［102］孙健，孙启文，孙嘉琦．中国不同地区人才集聚模式研究［J］．人口与经济，2007（3）：13-18.

［103］孙健，王东．地方政府在人才集聚过程中的角色定位研究［J］．中国海洋大学学报（社会科学版），2008（4）：48-52.

［104］田凌晖．高校人才集聚绩效评价方法探析：集聚指数的编制与应用［J］．教师教育研究，2007（2）：45-49.

［105］童玉芬，刘晖．京津冀高学历人口的空间集聚及影响因素分析［J］．人口学刊，2018，40（3）：5-17.

［106］王聪．基于人才聚集效应的区域协同创新网络研究［D］．太原理工大学博士学位论文，2017.

［107］王晖．科技人才聚集效应与科技创新产出的关系研究［J］．湘潭大学学报（哲学社会科学版），2014，38（4）：28-32.

［108］王锐兰，刘思峰．发达地区创新人才集聚的驱动机制［J］．江苏农村经济，2006（3）：49-50.

［109］王若宇，薛德升，刘晔，黄旭．基于空间杜宾模型的中国高学历人才时空分异研究［J］．世界地理研究，2019，28（4）：134-143.

［110］王三兴，熊凌．FDI 与区域创新能力——基于省市面板数据的经验研究［J］．山西财经大学学报，2007（5）：32-37.

［111］王世杰．战略新兴产业科技人才集聚与内育双螺旋耦合模式研究［D］．武汉理工大学，2014.

［112］王淑英，张水娟，王文坡．R&D 投入与区域创新能力关系及溢出

效应分析——金融发展的调节作用［J］．科技进步与对策，2018，35（2）：39-46.

［113］王秀婷，赵玉林．政府 R&D 资助影响区域创新能力的省际差异及原因分析［J］．财会月刊，2018（2）：148-154.

［114］王志宝，孙铁山，李国平．区域协同创新研究进展与展望［J］．软科学，2013，27（1）：1-4+9.

［115］王志祥，龚新蜀．社会资本对区域创新能力的影响效应——传导机制与实证检验［J］．软科学，2019，33（11）：125-130.

［116］王子龙，谭清美，许萧迪．区域创新网络中的政府职能分析［J］．科学管理研究，2003（3）：9-11.

［117］吴昊，张天译．协同创新视角下的区域创新体系构建［J］．社会科学战线，2016（10）：69-76.

［118］［美］西奥多·W. 舒尔茨．论人力资本投资［M］．吴珠华等译．北京：北京经济学院出版社，1990.

［119］修国义，韩佳璇，陈晓华．科技人才集聚对中国区域科技创新效率的影响——基于超越对数随机前沿距离函数模型［J］．科技进步与对策，2017，34（19）：36-40.

［120］徐磊，黄凌云．FDI 技术溢出及其区域创新能力门槛效应研究［J］．科研管理，2009，30（2）：16-25.

［121］徐永智，衣保中．中国东部各省市区域创新能力评价［J］．黑龙江社会科学，2017（1）：82-85.

［122］许萧迪，王子龙，谭清美．知识溢出效应测度的实证研究［J］．科研管理，2007（5）：76-86+59.

［123］薛风平．社会资本对区域创新能力的影响［J］．青岛农业大学学报（社会科学版），2010，22（1）：40-46.

［124］杨国忠，颜鸷．中国高新技术产业的区域创新能力评价研究［J］．工业技术经济，2015，34（9）：115-122.

［125］杨洪涛，左舒文．基于系统动力学的创新投入与区域创新能力关系研究——来自天津的实证［J］．科技管理研究，2017，37（3）：22-28.

［126］杨若愚.市场竞争、政府行为与区域创新绩效——基于中国省级面板数据的实证研究［J］.科研管理，2016，37（12）：73-81.

［127］易平涛，李伟伟，郭亚军.基于指标特征分析的区域创新能力评价及实证［J］.科研管理，2016，37（S1）：371-378.

［128］于明洁，郭鹏.基于典型相关分析的区域创新系统投入与产出关系研究［J］.科学学与科学技术管理，2012，33（6）：85-91.

［129］喻汇.县域人力资本激励机制研究［J］.商业时代，2009（4）：44-46.

［130］岳鹄，张宗益.R&D投入、创新环境与区域创新能力关系研究：1997~2006［J］.当代经济科学，2008（6）：110-116+126.

［131］张波.2000年代以来中国省际人才的时空变动分析［J］.人口与经济，2019（3）：91-101.

［132］张春海，孙健.我国科技人才集聚的动因研究——基于省际数据的实证分析［J］.科技与经济，2011，24（2）：81-84.

［133］张涵，李晓澜.FDI与OFDI溢出对高技术产业区域创新的门槛效应研究［J］.科技进步与对策，2020，37（2）：74-81.

［134］张建伟，梁常安，黄蕊琦，李萌萌.中部地区创新产出空间差异及影响因素研究——基于新经济地理学的视角［J］.世界地理研究，2020，29（1）：159-167.

［135］张洁音，潘晓霞.科技创新资源投入对区域创新产出影响研究——以浙江省11地市2003—2012年面板数据为例［J］.华东经济管理，2014，28（9）：29-32.

［136］张美丽，李柏洲.中国人才集聚时空格局及影响因素研究［J］.科技进步与对策，2018，35（22）：38-44.

［137］张敏.基于角色管理的中小企业人才聚集效应研究［D］.南京航空航天大学博士学位论文，2010.

［138］张体勤，刘军，杨明海.知识型组织的人才集聚效应与集聚战略［J］.理论学刊，2005（6）：70-72.

［139］张同全，王乐杰.我国制造业基地人才集聚效应评价——基于三

大制造业基地的比较分析［J］. 中国软科学，2009（11）：64-71.

［140］张西奎，胡蓓. 产业集群的人才集聚研究［J］. 商业研究，2007（3）：5-7.

［141］张樨樨. 产业集聚与人才集聚的互动关系评析［J］. 商业时代，2010（18）：119-120.

［142］张翼，黄伟刚，郑兴无. 中小企业集聚、金融发展与区域创新能力——基于我国地级市的工业企业数据［J］. 金融与经济，2019（8）：28-34.

［143］赵丽丽，张玉喜. 制度环境视角下社会资本对区域创新能力的门槛效应检验［J］. 科技进步与对策，2015，32（7）：44-48.

［144］赵娓. 人力资本集聚：农业科技园区可持续发展的路径选择［J］. 科技进步与对策，2010，27（6）：40-43.

［145］赵秀花. 京晋人才聚集效应与协同创新关系的实证研究［D］. 太原理工大学博士学位论文，2012.

［146］赵雪雁，李文美，张亮，张丽琼，郭芳. 社会资本对区域创新能力的影响［J］. 干旱区地理，2015，38（2）：377-383.

［147］赵炎，徐悦蕾. 上海市区域创新能力评价［J］. 科研管理，2016，37（S1）：489-494.

［148］郑艳民，张言彩，韩勇. 区域创新投入、产出及创新环境的数量关系研究——基于省级截面数据的实证分析［J］. 科技进步与对策，2012，29（15）：35-41.

［149］周洁，郭丕斌. 基于熵权 TOPSIS 法的我国产煤大省区域创新能力评价［J］. 中国矿业，2016，25（4）：40-45.

［150］周密，申婉君. 研发投入对区域创新能力作用机制研究——基于知识产权的实证证据［J］. 科学学与科学技术管理，2018，39（8）：26-39.

［151］周文泳，项洋. 中国各省市区域创新能力关键要素的实证研究［J］. 科研管理，2015，36（S1）：29-35.

［152］朱杏珍. 人才集聚过程中的羊群行为分析［J］. 数量经济技术经济研究，2002（7）：53-56.

后 记

　　尽管本书为分析科技人才集聚对区域创新产出的影响作用进行了很多理论和实证研究，但仍然存在很多不足之处。一是本书使用的数据为省际面板数据，因此研究的结果停留在省际层面，由于数据的缺乏没有对省份内部进行解剖分析，这也是今后努力的方向。同时，由于重点是讨论科技人才集聚对区域创新产出的影响，但同样由于目前数据的缺乏对于区域创新产出指标的选择无法做到全面无遗漏。例如，创新产出方面使用的是区域专利批准数据、新产品销售和科技论文发表量等。虽然这三个指标基本上能够代表区域的创新产出，但还有其他创新产出的创新指标。因此，如果能够使用其他全面的创新指标，也许能够得出更丰富的结论。二是现在人才流动无论是范围还是频率都在加大，柔性引进、项目合作等形式不断丰富，因此对科技人才集聚的定义和研究也是一个较为棘手的问题。目前科技人才集聚对区域创新产出影响的后续研究需要注意的问题有以下几点：首先，笔者认为，未来在科技人才集聚对区域创新的影响应该更加的细分和深化，从行业视角来说，如前文所述，不同行业对人才的专业要求和能力不同，整体进行分析会损失掉一些信息量，因此细分行业是未来的方向。从地区角度来说，我国东、中、西差距较大，但即使是省份内部仍然存在较大差异，因此从更细的地理范围视角划分地区进行分析也是未来的目标。其次，对科技人才集聚的定义以及动态集聚的研究，将是一个较为困难但确实是有意义的问题。

单士甫

2022. 5. 20